秘書技能検定
受験ガイド

3級

公益財団法人 実務技能検定協会

まえがき

　秘書検定の第1回は昭和48年（1973）です。そのころから女性のいわゆるOLとしての就職が一般化するようになりました。それに伴って，女性の特色を生かした自立した職種としての「秘書職」が注目されるようになったのです。

　当時は，秘書は上司の右腕，上司の補佐職ともいわれていました。

　今はパソコン，ITの発達によって上司も自身の行動，仕事を自分で管理する方が早い場合も出てきて，秘書の仕事も変わってきています。このような状況の変化によって，秘書も専業が少なくなり兼務が多くなっていますが，これは一方で，世の中が厳しくなった結果の人材の効率的活用という側面もありそうです。

　ということで検定の話になりますが，検定の内容，活用のされ方も変わっています。かつては秘書業務を専門に勉強した人の受験が多かったのですが，現在では様変わりしていて，1級は現職の人が仕事の確認のような受験が多いようですが，その他の級は，学生の就職対策としての受験が多くなっています。要するに，就職するについて会社のことや職場常識（ビジネスの場での仕事の仕方や人との関わり方を知る）を勉強しておこうということですが，これは一面，社会人になるための勉強ということでもあります。

　かつて会社は，新入社員には新入社員研修で社会性（職場常識，生活常識など）の育成をしましたが，世の中が世知辛くなり会社に余裕がなくなっていますから，社会性を備えた人材を採用のときに求めるようにもなっています。

就職対策として秘書検定の勉強をしようというニーズは ここにあると思われますが，他面で，就職をしてみて自身 に社会性が欠けていることを自覚して秘書検定の受験で勉 強するという人もかなりいるようです。
　秘書検定は，秘書の職務能力の検定となっていますが， 秘書職能はビジネスの場で必要とする「資質」（仕事への適 応性），「職務知識」（仕事の仕方），「一般知識」（仕事上必 要な用語），「マナー・接遇」（仕事上必要な話し方，言葉遣 い，マナー），「技能」（文書，資料整理などの知識）などに ついてのことですから，筆記試験はビジネスパーソンとし ての基礎的な知識ということになります。が，知識だけあ ればビジネスパーソンとして通用するかというと，そうい うわけにはいきません。人には行動があり，そのときの態度， 振る舞い，話し方などによってその人が評価されるからで す。秘書検定に面接試験があるのはそのためです。
　審査は，態度，振る舞い，話し方などが丁寧であるかき ちんとしているかですが，準1級は基本が理解されている か，1級は普通のレベルを超えているかで行われています。
　以上で秘書検定が，秘書という職種名が変わらないまま， 時代に求められている内容の検定であることがご理解いた だけたと思います。
　現代は価値観が多様化し，多くのものに善しあしの線引 きをしにくくしていますが，本物に変わりはありません。 本物を目指して精進されることを期待しています。

本書の使い方について

『秘書検定受験ガイド3級』(以下『ガイド3』)は,「秘書技能審査基準」(P.9)に基づいて編集されたテキストで,2級,準1級,1級の基礎編として位置付けられているものです。

＊秘書検定試験は,この審査基準に基づいて出題されています。

＊応用実践編である2級以上のクラスを学習し受験するための必携の書(基本書(ベーシック))でもあるということです。必要に応じて本書に立ち返り,秘書技能を確実に身に付けてください。

本書は,秘書技能の審査基準に従った「事例研究」と「事例解説」,そして「要点整理」という構成になっています。一つずつ丁寧に確実に学習を進めてください。基礎づくりです。

＊なお,本書『ガイド3』と『秘書検定実問題集3級』を併用すれば,より効果的に学習を進めることができるでしょう。

そして本協会は,**秘書技能のコンセプト**をこう考えています。

「ビジネスの場で実務をこなす基になるものは,技術,技能であっても,その根底に人柄のよさが横たわっていないと,人からも会社からも愛されない」。

これはとても重要なことです。人柄のよさが技能(スキル)を心あるものにし,**秘書技能**(ヒューマンスキル)へと高めていくからです。

＊職場での人間関係(コミュニケーション)も良好なものになるのは言うまでもない。秘書としての仕事も高く評価される(愛される)。

その意味で本ガイドは,検定のための受験・合格対策用であると同時に,秘書(セクレタリー)を目指すためのガイドブックでもあります。ここから,秘書ならではの使命(ミッション),そしてその働き方,ヒューマンスキルを学んでください。

それでは,第Ⅰ章「必要とされる資質」から,具体的に学習していきましょう。

目次

まえがき ………………………………………………… 3
本書の使い方について …………………………………… 5
秘書技能検定の受け方 …………………………………… 8

Ⅰ 必要とされる資質

(1) 秘書的な仕事を行うについて備えるべき要件
① 初歩的な秘書的業務を処理する能力がある ………………… 18
② 判断力, 記憶力, 表現力, 行動力がある ……………………… 28
③ 機密を守れる, 機転が利くなどの資質を備えている ………… 34

(2) 要求される人柄
① 身だしなみを心得, 良識がある …………………………… 42
② 誠実, 明朗, 素直などの資質を備えている ………………… 46

Ⅱ 職務知識

(1) 秘書的な仕事の機能
① 秘書的な仕事の機能を知っている ………………………… 54
② 上司の機能と秘書的な仕事の機能の関連を知っている ……… 67

Ⅲ 一般知識

(1) 社会常識
① 社会常識を備え, 時事問題について知識がある ……………… 78

(2) 経営に関する知識
① 経営に関する初歩的な知識がある ………………………… 86

Ⅳ マナー・接遇

(1) 人間関係
① 人間関係について初歩的な知識がある …………………… 104

(2) マナー
① ビジネスマナー, 一般的なマナーを心得ている …………… 112

(3) 話し方, 接遇
- ① 一般的な敬語, 接遇用語が使える ・・・・・・・・・・・・・・・・・・ 126
- ② 簡単な短い報告, 説明ができる ・・・・・・・・・・・・・・・・・・・ 137
- ③ 真意を捉える聞き方が, 初歩的なレベルでできる ・・・・・・・・ 144
- ④ 注意, 忠告が受けられる ・・・・・・・・・・・・・・・・・・・・・・・ 150

(4) 交際の業務
- ① 慶事, 弔事に伴う庶務, 情報収集と簡単な処理ができる ・・・・・・ 154
- ② 贈答のマナーを一般的に知っている ・・・・・・・・・・・・・・・・ 162

V 技能

(1) 会議
- ① 会議に関する知識, および進行, 手順について
  初歩的な知識がある ・・・・・・・・・・・・・・・・・・・・・・・・・ 172
- ② 会議について, 初歩的な計画, 準備, 事後処理ができる ・・・・・・・ 177

(2) 文書の作成
- ① 簡単な社内文書が作成できる ・・・・・・・・・・・・・・・・・・・・ 182
- ② 簡単な折れ線, 棒などのグラフを書くことができる ・・・・・・・・・ 195

(3) 文書の取り扱い
- ① 送付方法, 受発信事務について初歩的な知識がある ・・・・・・・・ 198
- ② 秘扱い文書の取り扱いについて初歩的な知識がある ・・・・・・・・ 207

(4) ファイリング
- ① 簡単なファイルの作成, 整理, 保管ができる ・・・・・・・・・・・・ 210

(5) 資料管理
- ① 名刺, 業務上必要な資料類の簡単な整理, 保管ができる ・・・・・・ 216
- ② 要求された簡単な社内外の情報収集ができ,
  簡単な整理, 保管ができる ・・・・・・・・・・・・・・・・・・・・・ 219

(6) スケジュール管理
- ① 上司の簡単なスケジュール管理ができる ・・・・・・・・・・・・・・ 226

(7) 環境, 事務用品の整備
- ① オフィスの簡単な整備, 管理,
  および事務用品の簡単な整備, 管理ができる ・・・・・・・・・・・・ 234

秘書技能検定の受け方

1 秘書技能検定試験の概要

①秘書技能検定試験の範囲
試験の範囲は以下の5領域です。
- Ⅰ　必要とされる資質
- Ⅱ　職務知識
- Ⅲ　一般知識
- Ⅳ　マナー・接遇
- Ⅴ　技能

級位には3級, 2級, 準1級, 1級があり, それぞれの級位によって, 必要とされる技能の段階に違いがあります。詳しくは「秘書技能審査基準」をご覧ください。

②各級位において期待される技能の程度
1 3級の程度………初歩的な秘書的業務の理解ができ, 2級に準じた知識があり, 技能が発揮できる。
2 2級の程度………秘書的業務について理解ができ, 準1級に準じた知識があり, 技能が発揮できる。
3 準1級の程度……秘書的業務について理解があり, 1級に準じた知識を持つとともに, 技能が発揮できる。
4 1級の程度………秘書的業務全般について十分な理解があり, 高度な知識を持つとともに, 高度な技能が発揮できる。

③試験の方法
　2級・3級・準1級は筆記試験によって, 受験者の技能が審査されます。問題は選択肢による択一方式 (マークシート方式) によるものと, 記述式の解答をするものから構成されています。準1級の筆記合格者には面接 (二次試験) が課せられます。

　1級は全問題とも記述式です。1級筆記合格者には面接 (二次試験) が課せられます。

④受験資格
　どなたでも受験することができます。学歴・年齢・性別その他の制限は, 一切ありません。

⑤検定についてのお問い合わせ
　試験の実施日・会場・検定料, 合否通知, 合格証の発行などについては,「検定案内」をご覧ください。その他, 不明な点は, 下記にお尋ねください。

公益財団法人 実務技能検定協会　秘書技能検定部
〒169-0075　東京都新宿区高田馬場一丁目4番15号
電話 (03) 3200-6675　FAX (03) 3204-6758

2 秘書技能審査基準

秘書技能検定の審査基準は以下のように定められています。

3級

程度	領　域		内　容
初歩的な秘書的業務の理解ができ、2級に準じた知識があり、技能が発揮できる。	Ⅰ 必要とされる資質	(1) 秘書的な仕事を行うについて備えるべき要件	① 初歩的な秘書的業務を処理する能力がある。 ② 判断力, 記憶力, 表現力, 行動力がある。 ③ 機密を守れる, 機転が利くなどの資質を備えている。
		(2) 要求される人柄	① 身だしなみを心得, 良識がある。 ② 誠実, 明朗, 素直などの資質を備えている。
	Ⅱ 職務知識	(1) 秘書的な仕事の機能	① 秘書的な仕事の機能を知っている。 ② 上司の機能と秘書的な仕事の機能の関連を知っている。
	Ⅲ 一般知識	(1) 社会常識	① 社会常識を備え, 時事問題について知識がある。
		(2) 経営に関する知識	① 経営に関する初歩的な知識がある。
	Ⅳ マナー・接遇	(1) 人間関係	① 人間関係について初歩的な知識がある。
		(2) マナー	① ビジネスマナー, 一般的なマナーを心得ている。
		(3) 話し方, 接遇	① 一般的な敬語, 接遇用語が使える。 ② 簡単な短い報告, 説明ができる。 ③ 真意を捉える聞き方が, 初歩的なレベルでできる。 ④ 注意, 忠告が受けられる。
		(4) 交際の業務	① 慶事, 弔事に伴う庶務, 情報収集と簡単な処理ができる。 ② 贈答のマナーを一般的に知っている。
	Ⅴ 技能	(1) 会議	① 会議に関する知識, および進行, 手順について初歩的な知識がある。 ② 会議について, 初歩的な計画, 準備, 事後処理ができる。
		(2) 文書の作成	① 簡単な社内文書が作成できる。 ② 簡単な折れ線, 棒などのグラフを書くことができる。

程度	領　域	内　容
	(3) 文書の取り扱い	① 送付方法，受発信事務について初歩的な知識がある。 ② 秘扱い文書の取り扱いについて初歩的な知識がある。
	(4) ファイリング	① 簡単なファイルの作成，整理，保管ができる。
	(5) 資料管理	① 名刺，業務上必要な資料類の簡単な整理，保管ができる。 ② 要求された簡単な社内外の情報収集ができ，簡単な整理，保管ができる。
	(6) スケジュール管理	① 上司の簡単なスケジュール管理ができる。
	(7) 環境，事務用品の整備	① オフィスの簡単な整備，管理，および事務用品の簡単な整備，管理ができる。

2級

程度	領域		内容
秘書的業務について理解ができ、準1級に準じた知識があり、技能が発揮できる。	Ⅰ 必要とされる資質	(1) 秘書的な仕事を行うについて備えるべき要件	① 一般的に秘書的業務を処理する能力がある。 ② 判断力、記憶力、表現力、行動力がある。 ③ 機密を守れる、機転が利くなどの資質を備えている。
		(2) 要求される人柄	① 身だしなみを心得、良識がある。 ② 誠実、明朗、素直などの資質を備えている。
	Ⅱ 職務知識	(1) 秘書的な仕事の機能	① 秘書的な仕事の機能を知っている。 ② 上司の機能と秘書的な仕事の機能の関連を知っている。
	Ⅲ 一般知識	(1) 社会常識	① 社会常識を備え、時事問題について知識がある。
		(2) 経営管理に関する知識	① 経営管理に関する初歩的な知識がある。
	Ⅳ マナー・接遇	(1) 人間関係	① 人間関係について一般的な知識がある。
		(2) マナー	① ビジネスマナー、一般的なマナーを心得ている。
		(3) 話し方、接遇	① 一般的な敬語、接遇用語が使える。 ② 短い報告、説明、簡単な説得ができる。 ③ 真意を捉える聞き方が一般的にできる。 ④ 忠告が受けられ、注意ができる。
		(4) 交際の業務	① 慶事、弔事に伴う庶務、情報収集とその処理ができる。 ② 贈答のマナーを一般的に知っている。 ③ 上司加入の諸会の事務を扱うことができる。
	Ⅴ 技能	(1) 会議	① 会議に関する知識、および進行、手順についての知識がある。 ② 会議の計画、準備、事後処理ができる。
		(2) 文書の作成	① 文例を見て、社内外の文書が作成できる。 ② 会議の簡単な議事録が作成できる。 ③ 折れ線、棒、簡単な円などのグラフを書くことができる。

程度	領 域	内 容
	(3) 文書の取り扱い	① 送付方法, 受発信事務について知識がある。
		② 秘扱い文書の取り扱いについて知識がある。
	(4) ファイリング	① 一般的なファイルの作成, 整理, 保管ができる。
	(5) 資料管理	① 名刺, 業務上必要な資料類の整理, 保管が一般的にできる。
		② 要求された社内外の情報収集, 整理, 保管が一般的にできる。
	(6) スケジュール管理	① 上司のスケジュール管理が一般的にできる。
	(7) 環境, 事務用品の整備	① オフィスの整備, 管理, および事務用品の整備, 管理が一般的にできる。

準1級〈一次試験（筆記）〉

程度	領域		内容	
秘書的業務について理解があり、1級に準じた知識を持つとともに、技能が発揮できる。	Ⅰ 必要とされる資質	(1) 秘書的な仕事を行うについて備えるべき要件	①	秘書的な仕事を処理する能力がある。
			②	判断力,記憶力,表現力,行動力がある。
			③	機密を守れる,機転が利くなどの資質を備えている。
		(2) 要求される人柄	①	身だしなみを心得,良識がある。
			②	誠実,明朗,素直などの資質を備えている。
	Ⅱ 職務知識	(1) 秘書的な仕事の機能	①	秘書的な仕事の機能を知っている。
			②	上司の機能と秘書的な仕事の機能の関連を知っている。
	Ⅲ 一般知識	(1) 社会常識	①	社会常識を備え,時事問題について知識がある。
		(2) 経営管理に関する知識	①	経営管理に関する一般的な知識がある。
	Ⅳ マナー・接遇	(1) 人間関係	①	人間関係について知識がある。
		(2) マナー	①	ビジネスマナー,一般的なマナーを心得ている。
		(3) 話し方,接遇	①	状況に応じた言葉遣いができ,適切な敬語,接遇用語が使える。
			②	長い報告,説明,苦情処理,説得ができる。
			③	真意を捉える聞き方ができる。
			④	忠告が受けられ,忠告の仕方を理解している。
		(4) 交際の業務	①	慶事,弔事の次第とそれに伴う庶務,情報収集とその処理ができる。
			②	贈答のマナーを知っている。
			③	上司加入の諸会の事務,および寄付などに関する事務が扱える。
	Ⅴ 技能	(1) 会議	①	会議に関する知識,および進行,手順についての知識がある。
			②	会議の計画,準備,事後処理ができる。
		(2) 文書の作成	①	社内外の文書が作成できる。
			②	会議の簡単な議事録が作成できる。
			③	折れ線,棒,円などのグラフを書くことができる。

程度	領域	内容
	(3) 文書の取り扱い	① 送付方法,受発信事務について知識がある。
		② 秘扱い文書の取り扱いについて知識がある。
	(4) ファイリング	① ファイルの作成,整理,保管ができる。
	(5) 資料管理	① 名刺,業務上必要な資料類の整理,保管ができる。
		② 要求された社内外の情報収集,整理,保管ができる。
	(6) スケジュール管理	① 上司のスケジュール管理ができる。
	(7) 環境,事務用品の整備	① オフィスの整備,管理,および事務用品の整備,管理が適切にできる。

準1級〈二次試験（面接）〉

(1) ロールプレイング
（審査要素）
秘書的業務担当者としての,態度,振る舞い,話の仕方,言葉遣い,物腰,身なりなどの適性。
① 一般的なあいさつ（自己紹介）ができる。
② 上司への報告ができる。
③ 上司への来客に対応できる。

1級〈一次試験（筆記）〉

程度	領域		内容
秘書的業務全般について十分な理解があり、高度な知識を持つとともに、高度な技能が発揮できる。	Ⅰ 必要とされる資質	(1) 秘書的な仕事を行うについて備えるべき要件	① 秘書的な仕事を処理するのに十分な能力がある。 ② 判断力, 記憶力, 表現力, 行動力がある。 ③ 機密を守れる, 機転が利くなどの資質を備えている。
		(2) 要求される人柄	① 身だしなみを心得, 良識がある。 ② 誠実, 明朗, 素直などの資質を備えている。
	Ⅱ 職務知識	(1) 秘書的な仕事の機能	① 秘書的な仕事の機能を知っている。 ② 上司の機能と秘書的な仕事の機能の関連を十分に知っている。
	Ⅲ 一般知識	(1) 社会常識	① 社会常識を備え, 時事問題について知識が十分にある。
		(2) 経営管理に関する知識	① 経営管理に関する一般的な知識がある。
	Ⅳ マナー・接遇	(1) 人間関係	① 人間関係についての知識が十分にある。
		(2) マナー	① ビジネスマナー, 一般的なマナーを十分に心得ている。
		(3) 話し方, 接遇	① 状況に応じた言葉遣いが十分にでき, 高度な敬語, 接遇用語が使える。 ② 複雑で長い報告, 説明, 苦情処理, 説得ができる。 ③ 真意を捉える聞き方ができる。 ④ 忠告が受けられ, 忠告の仕方を十分に理解している。
		(4) 交際の業務	① 慶事, 弔事の次第とそれに伴う庶務, 情報収集とその処理ができる。 ② 贈答のマナーを十分知っている。 ③ 上司加入の諸会の事務, および寄付などに関する事務ができる。
	Ⅴ 技能	(1) 会議	① 会議に関する知識, および進行, 手順についての知識が十分にある。 ② 会議の計画, 準備, 事後処理が十分にできる。
		(2) 文書の作成	① 社内外の文書が作成できる。 ② 会議の議事録が作成できる。

程度	領　域	内　　容
		③　データに基づき，適切なグラフを書くことができる。
	(3) 文書の取り扱い	①　送付方法，受発信事務について知識が十分にある。
		②　秘扱い文書の取り扱いについて知識が十分にある。
	(4) ファイリング	①　適切なファイルの作成，整理，保管ができる。
	(5) 資料管理	①　名刺，業務上必要な資料類の整理，保管ができる。
		②　要求された社内外の情報収集，整理，保管ができる。
	(6) スケジュール管理	①　上司のスケジュール管理が十分にできる。
	(7) 環境の整備	①　オフィスの整備，管理ができ，レイアウトの知識がある。

1級〈二次試験（面接）〉

（1）　ロールプレイング
　　（審査要素）
　　秘書的業務担当者としての，態度，振る舞い，話の仕方，言葉遣い，物腰，身なりなどの適性。
　　　①　上司への報告ができる。
　　　②　上司への来客に対応できる。

Ⓒ公益財団法人　実務技能検定協会

第 I 章

必要とされる資質

1. 秘書的な仕事を行うについて備えるべき要件
2. 要求される人柄

# 秘書的な仕事を行うについて備えるべき要件

1. 初歩的な秘書的業務を処理する能力がある。
2. 判断力, 記憶力, 表現力, 行動力がある。
3. 機密を守れる, 機転が利くなどの資質を備えている。

1 初歩的な秘書的業務を処理する能力がある

秘書の仕事。その最大の役割は, 部長などの要職者に付いて, その上司のスケジュール管理や来客対応, 電話応対, 文書事務などの仕事を行うことです。これが**秘書業務**です。

そして秘書は, これらの仕事を確実に処理していかなければなりません。そう, 上司のために, **一歩先を読みながら, ベストな方法で**。

では, 一歩先を読む (見る) 仕事の処理の仕方とはどういうことでしょうか。それを, 次の事例から検討してみましょう。営業部に配属されたＡ子が, 「部長に付いて, **秘書的な業務**も担当してもらいたい (兼務秘書)」と言われたケースです。

> ＊秘書職に就いていなくても, このような事例は数多くある。そして企業は, 一般社員に対し, 「秘書的業務」の技能を発揮できる人材を求めている。
>
> †兼務秘書と専任秘書の関係については, 「組織における兼任秘書と専任秘書 (例)」の図 (P.24) を参照のこと。
>
> ＊秘書がさまざまな業務を担当するのは, 上司に本来の仕事 (経営) に専念してもらうためである。その具体的な秘書の業務内容については, 「第Ⅱ章職務知識 (1) 秘書的な仕事の機能」で解説。

事例研究① 初歩的な秘書的業務を処理する能力がある　　case study

営業部に配属されたＡ子はチーフから, 「君の担当は営業事務だが, しばらくの間, 部長に付いて秘書的な業務もこなしてもらうことにした。部長の指示に従い, 部長の仕事を積極的にサポートしてもらいたい。今後のキャリアアップにもつながるはずだから, よろしく頼むよ」と言われた。次は, このことについてＡ子が考えた秘書的業務の処理の仕方である。中から<u>不適当</u>と思われるものを一つ選びなさい。

1) 部長から仕事を指示されたとき
   いつまでに仕上げればよいかを確認してから取り掛かること。
2) 指示された仕事が終わったとき
   すぐに部長に報告し，他にすることはないかと尋ねること。
3) 取引先の部長が転勤のあいさつに来たとき
   部長が不在のときは，課長に取り次ぐこと。
4) 顧客からの電話で「今日，10時に部長と面談したい」と言われたとき
   営業は顧客第一だから，顧客の希望を受け入れて面談の約束をすること。
5) 書類の整理をしている最中に部長から雑誌を買ってくるよう頼まれたとき
   書類の整理は中断してすぐに買いに出掛けること。

事例解説　Instructions

いかがでしょうか。**不適当な選択肢は4)** になりますが，さて，あなたの判断はどうだったでしょうか。

確かに，営業は顧客第一です。が，ここでの問題点は部長に確認もせずに，独断で面会の約束をしているところです。部長には部長のスケジュールがあるわけですから，まずは部長に確認をして指示を待つべきでしょう。

　　＊上司の判断を仰ぎ指示を受けるのは，職業人としての良識（コモンセンス）。このことを忘れないように。

　　＊ここでの電話は，「スケジュールを確認して，こちらからお電話を差し上げます」などと応対するのがベスト。先約がある場合もあるし，会議が入っている場合もある。まずは確認が第一である。

それでは次に適切な選択肢から初歩的な秘書的業務を見ていきましょう。

まずは**選択肢1)**。言うまでもなく，指示された仕事には期限があります。その確認です。「はい，分かりました」で済ませてはいけないということです。

　　＊基本的に会社の仕事は，上司の指示によってスタートする。そしてその指示に従い，確実に処理していくのが，秘書をはじめ全てのビジネスパーソンに課せられた重要な仕事。

　　＊仕事は期日までには必ず終えるようにすることも大切。次の仕事が待っ

ているからだ。

　選択肢2) は，指示された仕事が終わったときのケース。どうでしょうか。ここで特に重要な箇所は，**「他にすることはないか尋ねること」**です。**一つの仕事の終わりは，次の仕事の始まりでもある**からです。積極性です。

　選択肢3) は部長が不在のケースですが，このときは，部長の代わりとして同じ管理職である課長に取り次ぎます。ビジネス実務マナーの基本心得です。

> ＊礼儀として，転勤のあいさつに来たのである。このとき，「上司は不在なので，あらためてお越しください」などと言って帰してはいけない。ここはきちんと「礼には礼をもって応える」ことが大切。今後も取引関係は続いていくのだからなおさらである。

　そして**選択肢5)** です。ここでの基本的な考え方は，**「上司から私的なことを頼まれたときは，それも秘書の仕事として他の仕事と区別せずに行うこと」**にあります。その根っこにあるのは，**「多忙でなかなか時間が取れない上司のために」**，という気遣いです。買ってくるものが，経済誌であれゴルフ雑誌であれ，何でもいいのです。これが上司と秘書の関係です。さりげない心遣いができる人。これが秘書的業務の基本です。

> ＊忙しくてランチにも行けない先輩に対して，「お弁当でも買ってきましょうか」とさりげない心遣いができる人。そしてこれも秘書的センス。

要点整理　　　　　　　　　　　　　　　　　　the main point

▶ 初歩的な秘書的業務を処理する能力がある

1 秘書的業務を行う上での基本心得

　上司のために全面的に**バックアップ**する。**アシスト**する。これがプロフェッショナル秘書の基本であり使命(ミッション)です。日程管理や来客対応，電話応対，文書事務などの秘書業務は，全てこの考え方に基づいて行われています。そう，**「上司のため，組織のためには，どのような行動をとるのが一番よいか」**（最適化(オプティマイゼーション)）と。そしてこれが，**一歩先を読みながら仕事をしていく上での基本マインド**です。出題の意図もここにあります。

> ＊バックアップとは，上司が本来の仕事（マネジメント）を効率的・効果的に遂行できるように全面的にサポートすること。そしてこれが，組織のためにもなるということ。

　　　　†いかなる雑務雑用も進んで引き受け，素早く仕上げること。決して
　　　　雑務雑用を侮ってはならない。誰かがやらなければならない重要な
　　　　仕事であるからだ。
　　＊会社は今，秘書的業務をこなすスタッフを必要としている。組織人（ビジネスパーソン）と
　　して，大いに活躍が期待できるからだ。

2 秘書的業務を処理する能力

　一歩先を読みながら仕事をしていくと，おのずから的確で適切な処理の仕方ができるようになります。周囲に対するこまやかな目配りがそうさせるのです。そしてこのような仕事の仕方を「秘書的業務を処理する能力がある」といいます。**真摯さ**に裏付けられた**秘書的センス**です。もう一つの出題の意図もここにあります。

　　＊秘書的センスの根幹にあるのは，真摯さ（真面目さ）である。ドラッ
　　カーもこう語る。「初めから身につけていなければならない資質が一つ
　　だけある。才能ではない。真摯さである」（P.F.ドラッカー著／上田惇
　　生訳『ドラッカー名著集14マネジメント（中）』ダイヤモンド社）と。
　　そして，これこそが今，全ての社員に求められている資質でもある。
　　　　†そういえば，小説『もし高校野球の女子マネージャーがドラッカー
　　　　の「マネジメント」を読んだら』（岩崎夏海著，ダイヤモンド社）
　　　　の主人公，川島みなみも「――才能ではない。真摯さである」とい
　　　　う言葉に強く引かれていた。
　　＊「一歩先を読む」とは「見通す力」があり，どの方法がベストであるか
　　が分かるということ。判断力，記憶力，表現力，行動力である。そして
　　この能力（スキル）を十分に発揮できれば，自ずと適切な結果が出せるようになる。
　　　　†真摯な態度が判断力，記憶力，表現力，行動力をより的確なものに
　　　　する。なお，このことについては，次項（Ⅰ－(1)－②）で解説。

▶ 出題の視点

　検定問題では，事例研究①に見られるように，初歩的な「秘書的業務」について出題されています。その基本的な対応例を，次の事例から確認しておいてください。**秘書から学ぶ「秘書的業務」**です。

①スケジュール管理

　　営業部長秘書Ａ子は上司の外出中に宣伝部長から，金曜日の午後に打
　　ち合わせをする時間が取れるかと聞かれた。今日は火曜日。Ａ子は上
　　司が電話で，友人と金曜日の３時に何か約束をしているのを耳にして

いる。このような場合A子は，上司が外出中と言った後，宣伝部長にどのように対応するのがよいか。

◆宣伝部長の用件と打ち合わせに要する時間を尋ね，上司が戻ったら金曜日の午後に時間が取れるかどうか確認して連絡すると言う。
　　＊「上司が外出から戻る時間を伝え，そのころ連絡するので待ってもらえないかと言う」でもよい。いずれも秘書として，適切な対処の仕方である。

◆上司はその日の午後は予定が入っているらしいと話し，宣伝部長の都合のよい時間を聞いておく。
　　＊「上司は金曜日の3時は友人と約束していた」などと，余計なことは言わないこと。ここが，秘書業務の処理ができるかどうかの分岐点。

②来客対応

秘書A子の上司が外出中にNと名乗る不意の来客があった。ぜひ上司に会いたいと言うので用件を尋ねると，上司に会って直接話すということである。上司の帰社予定は1時間後である。このような場合A子は，この客にどのように対応するのがよいか。

◆上司に会って直接話すということなら，前もって連絡してから訪ねてもらいたいと言う。

◆N氏の来訪があったことは上司に伝えておくので，後日改めて連絡をもらえないかと言う。

◆上司は外出中と話して次に来社できる日時を尋ね，後でこちらから連絡させてもらうと言う。

◆今上司は外出しているので，上司が戻り次第都合を連絡させてもらうと言って連絡先を尋ねておく。
　　＊以上が秘書の基本的な対応の仕方。なお，来客を応接室に通し待ってもらうようなことをしてはいけない。不意の客であり，上司は外出しているのである。Nと名乗るだけで用件も上司の意向も分からないのに，秘書の判断で待ってもらうなどはもっての外ということである。

③上司の身の回りの世話

◆上司の健康保険証の番号を控えている。

◆上司の主治医の電話番号を控えている。

◆救急の医療機関に連絡が取れるようにしている。
　　＊上司が持病持ちの場合は，上司が飲んでいる薬の効能と用法について把握しておく必要もあるだろう。

＊健康な上司でもいつ何時病気になるとも限らない。その万一に備えてのものである。

> 出張先のホテルで上司が体調を崩した場合，秘書はどのように対処していけばよいか。ベストセクレタリー中村由美さん（カレーハウスCoCo壱番屋創業者秘書）はこうアドバイスする。
> 　この場合は、まずホテルの方から事態を聞き、状況を把握します。軽い体調不良であれば、すぐに病院に搬送する手はずをとってもらい、搬送先の病院に服用中の薬やアレルギー、病歴などのリストをファクス等で送ります。治療で新たに投与する薬を決める際に必要な場合もあるので、秘書は必ず上司の健康状態を把握して、病歴や常備薬をリスト化しておくべきでしょう。
> （中村由美著『日本一のプロ秘書はなぜ「この気遣い」を大事にするのか？』プレジデント社）

組織における兼務秘書と専任秘書(例)

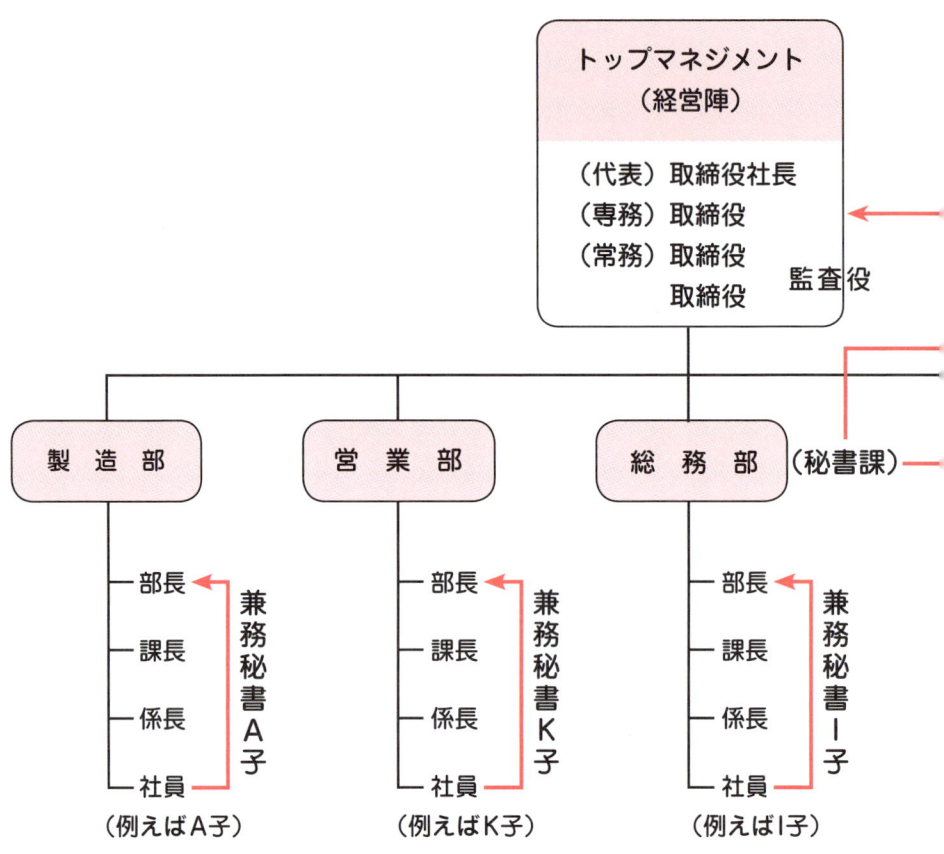

注1) 取締役会(意思決定機関)のメンバーは、社長、専務、常務などの取締役、監
注2) 兼務(兼任)秘書が最近の傾向である。
注3) 個人付秘書(専任)の場合、一般的には秘書課からの配属になる。
注4) チーム付秘書は、そのチームが解散したら秘書課に戻ることになる。そして新

●必要とされる資質●

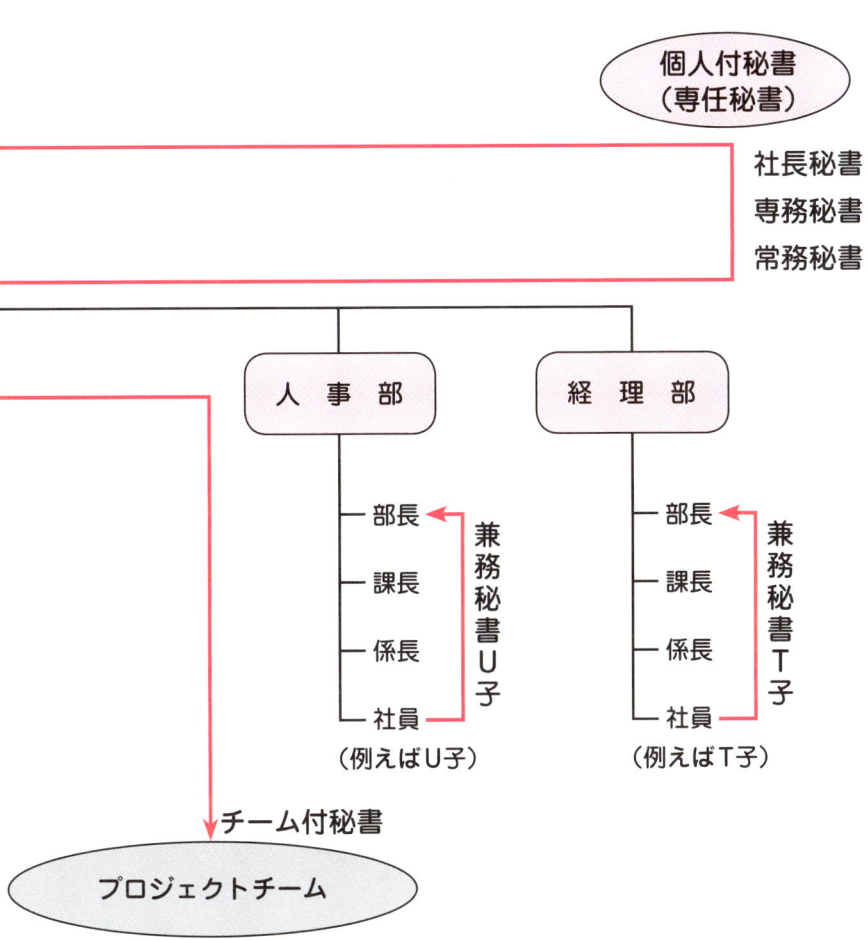

査役だが,例えば営業部長が取締役だった場合は,そのメンバーに加わることになる。

たな任務に就く。

Column

仕事に真摯であるということ

辞書編集者に学ぶ真摯さ

　真面目に仕事に取り組む。これはどんな職業でも同じことでしょう。それを，ここでは辞書編集部のケースから見てみましょう。小説『舟を編む』（光文社）からのものです。

　「名は体を表す」。こんな言い方がぴったりの人がいます。大手総合出版社の辞書編集部主任，馬締光也さんがそうです。とにかく真面目で愚直。そして言葉への探究心が半端でない編集者です。

　そんな彼のところに，岸辺みどりさんが雑誌編集部から異動してきました。新しい辞書『大渡海』を作るための要員として。

　でも，初めて足を踏み入れた室内は乱雑そのもの。そう，まるでおもちゃ箱をひっくり返したかのように。

　そこで彼女，自分の荷ほどきよりも先に室内の掃除と整頓へと取り掛かりました。「本は本、校正刷りは校正刷り、書類は書類と、分類して大きな作業机に積んでいく。ある程度まとまったところで、どれを捨てていいのか馬締に判断を請うた。本は資料の並んだ書棚へ、書類はファイリングして事務戸棚へ、紙ゴミと判断されたものは紐で縛って廊下へ」と。まずは環境づくりです。

でも，すごいですね。この手際のよさ，高い処理能力は。まるで秘書的センスを発揮しているかのようです。仕事ができるとは，このようなことを言うのでしょうか。

　さて，そんな岸辺さん。ありとあらゆる雑務をこなしながら，そして馬締主任をフォローしながら，キャリアを積んでいきます。

　そんなある日，彼女にちょっとした心境の変化がありました。こうです。

　辞書づくりに取り組み、言葉と本気で向き合うようになって、私は少し変わった気がする。岸辺はそう思った。言葉の持つ力。傷つけるためではなく、だれかを守り、だれかに伝え、だれかとつながりあうための力に自覚的になってから、自分の心を探り、周囲のひとの気持ちや考えを注意深く汲み取ろう

とするようになった。

（三浦しをん著『舟を編む』光文社）

　いかがでしょうか。特に，**「自分の心を探り，周囲のひとの気持ちや考えを注意深く汲み取ろうとするようになった」**ことは，とても大切なような気がします。これが秘書的業務の処理能力が発揮できるかどうかの**スタートライン（基本）**でもあるからです。

　　＊『辞書を編む』（光文社新書）という本がある。『三省堂国語辞典』の編纂者でもある飯間浩明さん（日本語学）の著によるものである。この中で飯間さんは，辞書の用語説明について，「ひとつひとつ真心をこめて書いていきます。そう、真心です。けっして『だいたいでいいや』と先を急ぐことはありません」と語っている。そしてこれは，辞書作りに限らず全ての仕事に通じる共通項（真摯な態度）であろう。

　　＊そういえば，寅さんの言葉にこんなセリフがあった。映画「男はつらいよ13」の中のワンシーンである。

　　やっぱり、／ 真面目にね、／ こつこつこつこつ／ やっていきゃ、／ いつか／ 芽が出るんだから。

　　（松竹『男はつらいよ』40周年プロジェクト他企画『人生に、寅さんを。「男はつらいよ」名言集』松竹　国内ライセンス室）

2 判断力, 記憶力, 表現力, 行動力がある

秘書として, ビジネスパーソンとして, 確実に身に付けておかなければならない能力。それが判断力, 記憶力, 表現力, 行動力です。そしてこの能力が, 秘書的業務を確実に処理していくことにつながっていきます。

では, 次の事例を検討してみましょう。「判断力」と「行動力」に視点を置いてのケーススタディーです。

事例研究② 判断力, 記憶力, 表現力, 行動力がある　　case study

秘書A子が取引先からの電話を上司に取り次ごうとしたところ, 上司は席を外している。すぐに戻るだろうと思って折り返し電話をすると言うと, 出掛けるところだが20分ほどであれば待っていると言う。このような場合, A子は電話を切った後どう対処するのがよいか。中から<u>不適当</u>と思われるものを一つ選びなさい。

1) 上司の机上に取引先からのこのことのメモを置き, 社内にいるはずの上司を捜す。
2) 上司の行き先を知っていそうな課員に事情を話して尋ね, 分かればその場所に出向く。
3) 上司は間もなく戻るだろうから, 戻ったらすぐに伝えられるよう自席で待機している。
4) 上司の立ち寄りそうな部署に電話し, 上司を見掛けたらすぐ戻るよう伝えてほしいと頼む。
5) 周りの人に, 上司が戻ったら取引先に電話をするよう伝えてもらいたいと頼み, A子は心当たりを捜す。

事例解説　　Instructions

不適当な選択肢は3) になりますが, いかがでしたでしょうか。

取引先は「出掛けるところだが20分ほどなら待つ」と言っています。よほど上司と話したいことがあるようです。従ってここは一刻も早く上司を捜し出し, 取引先に連絡できるようにしていかなければならないでしょう。ということは,「上司は間もなく戻るだろうから」と自席で悠長に構えて

いてはいけないということです。**初めに行動ありき**です。実際のところ，戻るか戻らないかは分からないわけですから，なおさらのことでしょう。

* 「腰が重い」のはよくない。「やる気がないな」と見られてしまうからである。
* 一般社員の場合は，「上司の机上に，取引先からの伝言をメモして，上司の机上に置いておく」だけで済むかもしれない。が，部長付き秘書の場合は，これだけでは不十分である。「取引先は上司に急ぎの話があるようだ」という判断（推察）の下，行動していかなければならないからだ。
  † 今後は一般の社員に対しても，このような秘書的な対処能力が求められてくるかもしれない。事例研究②では，席を外しているのは上司だが，これが誰であっても同様の対処ができる担当者，そう，チームプレーができるスタッフが必要であるからだ。

ではここで，秘書Ａ子の行動の特長はどこにあるかを，適切な選択肢から見ておきましょう。

例えば，「上司の机上に取引先からのこのことのメモを置き，社内にいるはずの上司を捜す**選択肢1)**」と「周りの人に，上司が戻ったら取引先に電話をするよう伝えてもらいたいと頼み，Ａ子は心当たりを捜す**選択肢5)**」はどうでしょうか。ともに，**上司が自席に戻ってきたときのことを想定して行動**しています。ただやみくもに走り回っているわけではないということです。そしてこれが**本当の行動力**です。

また，「上司の行き先を知っていそうな課員に事情を話して尋ね，分かればその場所に出向く**選択肢2)**」と「上司の立ち寄りそうな部署に電話し，上司を見掛けたらすぐ戻るよう伝えてほしいと頼む**選択肢4)**」はどうでしょうか。**自分一人だけで動くのではなく，周囲の人にも協力を依頼**しながら行動しています。目的は一刻も早く上司を捜し出すことにあるからです。そして，これが秘書のセンスある対処法です。

要点整理　　　　　　　　　　　　　　　　　　the main point

▶ 判断力，記憶力，表現力，行動力がある

1 判断力と行動力

秘書は，その時々の状況を的確に判断し行動できるセンスのよさ，フットワークのよさを身に付けています。そしてこの根っこにあるのは，取引

先の要望に応えていくのだという**顧客志向**（カスタマーオリエンテッド）です。
　そして，秘書として何より大切なことがあります。それは上司と取引先とのビジネス的な関係に支障を来さないようにとの気遣い心配りです。出題の意図もここにあります。

> ＊上司あっての秘書は，常に上司のことを考えながら行動していかなければならない。そう，上司が不利な立場にならないように。それが「上司と取引先のビジネス的な関係への配慮」である。秘書の秘書たるゆえんである。

> ＊行動する場合，ただ一つのパターンで動いてはいけない。可能性のあることはいろいろと方法を考えて行動することが重要。

2 記憶力と表現力

　取引先の名前を一度で覚えるのは当たり前。一度会っただけのお客さまの顔と名前が一致するのも言うまでもないこと。
　そして，秘書はこんな電話応答も何のその。
　客が「**イトウです**」と名乗ったら，
「○○会社の**伊東様**でいらっしゃいますね。いつもお世話になっております」
と応じ，また別の電話で，
　客に「**イトウです**」と言われたら，
「△△会社の**伊藤様**でいらっしゃいますね。先日はありがとうございました」
と応じます。**プロフェッショナル秘書の面目躍如たる対応**です。

> ＊上のケースは「イトウです」との声を聞いて，どこのイトウさんかが分かり，名字もどう書くのか，セットで覚えているというもの。

　すると，どうでしょうか。顧客に，そして取引先に**感じのよさ印象のよさ**を伝えることができます。**表現力**です。そしてこのことが**上司のステータス（格）を高めていく**ことにもつながっていきます。「さすがにあの部長の秘書だ」というように。

> ＊表現力とは，顧客や取引先などに対し，印象よく感じよく伝えることのできる能力のこと。

　そういえば，カレーハウスCoCo壱番屋では，「**お客さまの名前を聞き直すことは絶対にしてはいけない**」し，また「**取引先の場合は、声を聞い**

て、そのとたんに何々様ですねと返答しなければならない」(野地秩嘉著『日本一の秘書』新潮新書) そうです。企業イメージを大切にする創業者, 宗次德二さんの言葉です。

> ＊名前を聞き直すとき, 一般的には「恐れ入りますが, お名前をもう一度お聞かせ願えませんでしょうか」で十分である。が, ここではそうはいかない。お客さまが不愉快な思いをするかもしれない, そう考えているからだ。また取引先の場合は,「はい、壱番屋でございます。何々様ですね、いつもお世話になっております。はい、発注の件, 担当に伝えておきます。ありがとうございました」となるそうだ。顧客の声をきちんと覚えて対応しているケースである。

▶ 出題の視点

検定問題では事例研究②のほか, 次のような事例が出題されています。その基本的な対応例を確認しておきましょう。**秘書から学ぶ「対応」**例です。

①**今日は休むと連絡してきた上司**
秘書A子が出社すると上司から, 風邪をひいて熱があるので今日は会社を休むと連絡が入った。このような場合A子は, どのように対応するのがよいか。

◆上司のスケジュールを見て, 関係がありそうな部署には上司が休みであることを知らせておく。
> ＊言うまでもないことだが, 上司のパソコンのメールのチェックはしないこと。

◆他部署の課長が確認したいことがあると言ってきたとき, 上司は風邪で休みだと伝えた。

◆上司が出席する会議があったので, 上司は風邪で休んでいると連絡した。
> ＊社内の人には,「風邪で休みだ」と伝えてもよい。もちろん「休んでいる」だけでもよい。

◆取引先からの面談申し込みの電話に, 希望日時を聞き後日連絡すると言う。

◆取引先との面談の約束は, 今日は都合がつかなくなったとわび, 改めて調整をさせてもらいたいと連絡する。

◆取引先の部長が不意に訪ねてきたとき, 上司は不在だが代わりに課

長が応対するのではどうかと聞いた。
　　　＊社外の人には，「風邪で休みです」とは言わない。余計な気を使わせてしまうこともあるからだ。
◆上司の明日の出社に備えて，適切な室温維持のための空調のチェックをしておく。
◆来訪者や電話など上司に伝えることを，上司が出社したら簡潔に報告できるように整理しておく。

②上司が取引先部長と面談中，常務からの電話
　秘書Ａ子は，上司（部長）が取引先の部長と面談中に常務から，「部長に確かめたいことがある。すぐ来られそうか」との電話を受けた。このような場合Ａ子は，どのように対応するのがよいか。
◆取引先の部長と面談中だが，どのようにするかと尋ねる。
◆来客中なので，終ってから伝えるがそれでよいかと言う。
　　　＊「面談中なので，おそらく無理ではないか」などと言ってはいけない。
◆来客中なので，急ぎならメモで尋ねてみるが，どうするかと言う。
◆来客中なので，上司の様子を見て伝えるようにするが，それでよいかと言う。

③会議中の上司への取り次ぎ
　秘書Ａ子の上司（部長）は，誰も取り次がないようにと言って会議に入った。このようなときの取り次ぎに対する対処はどのようにすればよいか。
◆上司の家族からかかってきた電話に，「会議中なので伝言でよければ聞いておいて伝えるがよいか」と尋ねた。
　　　＊「会議中で取り次げないので，かけ直してもらいたい」などと言ってはいけない。
◆取引先からの電話に，「上司は席を外しているので，代わりに課長ではどうか」と尋ねた。
　　　＊「後ほどこちらから連絡させてもらう」などでもよい。
◆確認したいことがあるという取引先からの電話に，「内容を聞かせてもらって後でこちらからかけるがよいか」と尋ねた。
◆上司に直接相談したいという課長に，「席に戻ったら知らせるので，出直してもらいたい」と言った。

＊「来客中なので,終わったら知らせるから後にしてもらえないか」などもよい。これが上司の部下であっても同じ言い方でよい。

◆上司を訪ねてきた他部署の部長に,「会議中なので,終わったらこちらから知らせるがどうか」と尋ねた。

＊「会議中で取り次がないように言われているので,出直してもらえないか」などと言ってはいけない。もちろん電話の場合も同じ。

以上のケースでのキーワードは,「こちらから連絡する」「知らせる」などである。そしてこれが秘書としてベストな対応の仕方。

④自分の知らない予約客への対応

秘書A子の上司(上条部長)が来客中に,取引先のT部長が訪れた。上司と面会の約束をしているとのことである。しかしA子は,T部長から面会の予約を受けた覚えがなく,また上司からも何も聞いていない。このような場合A子は,どのように対処するのがよいか。

◆T部長に「少し待ってもらいたい」と言って待ってもらい,上司にメモでT部長来訪を伝えて指示を得る。

＊このとき,「上条は今来客中なので,あらためてこちらから連絡させてもらいたいがどうか」はいけない。不意の来客とは事情が違うからである。また,「予約は入っていないが,少しなら時間がとれるかもしれないので上司に尋ねてみる」と言ってもいけない。T部長は約束をしていると言っているからである。取引先を疑うのはもっての外。気遣いが求められる場面である。

†上司が直接相手に連絡をして会う約束をしている場合もある。秘書はこのことを考慮に入れておくことも必要。

＊また,「自分は何も聞いていないので上条に確認してくる,少し待ってもらいたい」という言い方もよくない。そもそも「自分は何も聞いていないので上条に確認してくる」は,T部長にとっては全く関係のないこと。ここは「○○会社のT部長様でいらっしゃいますね。いつもお世話になっております。少々お待ちくださいませ」と応対すればよい。そしてA子は上司から何も聞いていないのだから,上司に知らせて指示を得ればよいだけの話である。

†秘書の重要な仕事の一つに上司のスケジュール管理がある。ここは,「聞いている,聞いていない」の問題ではなく,自分の仕事(責任)として受け止め対応するべきである。

3 機密を守れる，機転が利くなどの資質を備えている

　秘書は，部長などの要職者に付いて仕事をしています。そしてその職務上，秘書は会社経営の機密事項や人事異動の話などを知る立場にいます。

　ではこのとき秘書は，どのような意識で対処していかなければならないでしょうか。どのように機転を利かさなければならないでしょうか。次の事例からその基本を検討してみましょう。

事例研究③　機密を守れる，機転が利くなどの資質を備えている　case study

　新人Ａ子は秘書課に配属になった。そのとき先輩から，秘書課では秘密事項が耳に入ったり秘密の文書を扱ったりするので，注意するようにと言われた。次はＡ子が，先輩の注意をどのようにして守ればよいか考えたことである。中から不適当と思われるものを一つ選びなさい。

1)　同期入社の同僚と仕事の話をするときには，秘書課の仕事の話はしないようにしよう。
2)　秘密扱いになっている文書をコピーするときは，人のいないときにすることにしよう。
3)　少しの間でも席を空けるときは，机の上に文書を置いておくようなことはしないようにしよう。
4)　秘密事項になっているらしいことを具体的に尋ねられたときは，私は知りませんと言うようにしよう。
5)　会えばどうしてもおしゃべりをすることになるので，同僚との個人的な付き合いはしないようにしよう。

事例解説　instructions

　守秘義務という言葉があります。これは，「**職務上，知り得た秘密（情報）は決して他に漏らしてはならない**」とした法律上の**義務**です。要は，仕事上で知った会社の秘密事項は，誰であってもしゃべってはいけないということです。

　さて，この視点から考えてみると，**不適当な選択肢は5)** になりますが，どうでしょうか。同僚と「個人的な付き合い」をしても，あることないこ

とをぺちゃくちゃしゃべらなければいいだけの話だからです。
　　　＊「会えばどうしてもおしゃべりをすることになるので」と言っているが，これはまだ公私の区別がついていない態度だ。話してよいことと話さない方がよいことが判断でき，口が堅いこと。これが秘書の基本であり，全てのビジネスパーソンに求められる資質(センス)である。

　ではここで，機密事項に関する基本的な態度を適切な選択肢から確認しておきましょう。
　まずは**選択肢1）**。ここで「秘書課の仕事の話はしない」というのは，人事など機密に関する仕事の話はしないということです。でも，差し障りのない一般的な仕事の話はできるでしょう。例えば，「来客に出すお茶の入れ方がうまくできなくて」とか「お辞儀の仕方や言葉遣いでよく注意されるの」などと。もしかしたら同僚からアドバイスをもらえるかもしれませんよ。
　選択肢2）は「秘密文書のコピーを取る」ときのケース。人がいると，のぞき見されることもあるからです。**細心の注意を**，というわけです。なお，失敗したコピーは，すぐに文書細断機で処分することも忘れないようにしましょう。もちろん誰もいないときに。
　　　＊コピーを取ろうとしたとき，次の人が来たら，「お先にどうぞ」と機転を利かすことも大切。「臨機応変に」というわけだ。基本はあくまでも，「周りに人がいないとき」だからである。
　　　＊機密文書を廃棄するとき，横書きの文書は縦に細断するなどの配慮も必要。

　選択肢3）はもう言うまでもないことでしょう。機密の文書に限らずきちんと机の中にしまってから席を離れるのはビジネスパーソンの常識(マナー)です。そして秘書は，このことをいつでも実践しています。これがきちんとできないと機密を守ることなど到底できないと知っているからです。もちろん，機密事項が漏れることによる社内外に及ぼす影響を常に深く考えながら。そう，これが秘書の秘書たるゆえんです。
　　　＊この態度こそが，はた目から見て信用できる人，「さすが秘書課だ」との評価を得る。

　そして**選択肢4）**。ここは「守秘義務」を守って「私は知りません」など対応するのが基本でしょう。「口は 禍(わざわい) の門(かど)」です。上司や組織に迷惑が掛かります。このことを肝に銘じましょう。

> 要点整理　　　　　　　　　　　　　　　　　　the main point

▶機密を守れる，機転が利くなどの資質を備えている

1 機密を守るということ

　会社には他に知られては困る機密情報が多々あります。そしてこの中には，組織全体の存続に影響するような極秘情報などもあります。だからこそ秘書は守秘義務を徹底し，情報を漏らさないようにしていかなければなりません。まずはこのことを押さえておきましょう。

　なお，組織では機密情報を次のように分類し管理しています。参考までに挙げておきましょう。

極　秘	会社の重要政策に関するものや重要会議の議事，人事・経理関係などで特定の関係者以外には公開できないもの。
部外秘	特定の部員以外には公開できないもの。
社外秘	社員以外には公開できないもの。

　　　＊上表の内容は，「Ⅴ技能(3)－②秘扱い文書の取り扱いについて初歩的な知識がある」と関連している。機密情報の載っている文書（機密文書）である。従って，秘書や秘書的業務を行っている部署（総務や人事，経理など）の担当者は，特に心しておかなければない重要事項である。言うまでもなく，機密文書に触れる機会が多いからである。もちろん，親しくなった社外の人への機密事項の漏洩もご法度である。そう，今後の事業に支障を来さないためにも。

2 機転が利くということ

　機転が利くとは，**臨機応変に判断し行動**できるということです。そしてこれは**秘書技能**を発揮するためにはなくてはならない資質の一つでしょう。例えば，「君のとっさの機転で取引先とトラブルにならずに済んだよ」などと使います。**気働き**です。そう，**観察力**を働かせながら。

　　　＊「議長の機転の利いた発言で，会議の気まずい雰囲気が一変した」などもその一例。

　また，**気が利く**という言葉もあります。**細かいところまで注意が行き届く**という意味で，例えば，雨にぬれて戻ってきた同僚の背中をタオルで拭いてあげるなどはどうでしょうか。もちろんタオルを差し出すのもよいでしょうが，自分では拭けない背中を拭いてあげる。そう，**いつでも相手の**

◦必要とされる資質◦

立場になって気遣いができる。これが，気が利くということなのですから。**想像力**です。

> ＊他に気が利くケースとしては，①交通情報に気を付けるようにし，上司の外出スケジュールに差し障りの出そうなときは，早めに対処する，②天気予報を気にするようにし，例えば雨模様の日に外出するときは，そのことを言うようにする，③上司が薬を飲む準備をしているときには，「ただ今白湯(さゆ)をお持ちします」と言って持っていく，などもある。

> ＊「想像は、和語では『おもいやる』という訓があてられた」（「読売新聞」平成25年4月1日付朝刊）という。齋藤希史(さいとうまれし)さん（東京大学教授・中国文学）の「翻訳語事情」からのものである。そして齋藤さんは「洋の東西を問わず、人にとって大切な力である」と結んでいる。

でも，この二つの言葉は根っこでつながっています。「細かいところまで注意が行き届く」ということは，いつでも相手の立場になって考えているということ。すると，どうでしょうか。「臨機応変に判断し行動」していくことになるはずです。目的は一つ，**相手を不快な思いにさせない**ことにあるからです。

そうなのです。それぞれの言葉の説明は違っても，その根幹にある思いは同じ。そしてこれが**ビジネス社会の流儀**と考えてもよいでしょう。

いずれにせよ，秘書にとって毎日が気働きの連続です。そしてこの気働きこそが，これからのビジネスパーソンに求められている資質でしょう。

> ＊なお，「機転が利く，気が利く」を一つにした「心利く」という言葉もある。

> ＊言葉の意味については，『大辞林』（三省堂），『大辞泉』（小学館），『広辞苑』（岩波書店）を参考にした。

出題の視点

検定問題では事例研究③のほか，次のような事例が出題されています。その基本的な対応例を確認しておきましょう。

①転勤のうわさ

人事部長秘書Ａ子は仲がよい営業部長秘書のＢ子から，「今度，営業部長がＹ営業所に異動するといううわさを聞いたが，本当かどうか教えてもらいたい」と言われた。Ａ子はこのことをなんとなく耳にして少しは知っている。このような場合Ａ子は，Ｂ子にどのように言うのがよいか。

◆「自分は人事部だが，そういうことは知る機会がないのでよく分からない」

　＊このような言い方で対応するのがよい。いくら仲がよくても仕事のことは，また別だからである。これも公私の区別である。

　　†「人事部なので少しは知っているが，話してはいけないことなので教えることはできない」「自分からは言えないが，うわさになっているのならいずれ分かることだから，少し待ったらどうか」などの言い方は不可。このような言い方をすると，「なんだ，知っているんじゃない。それなら教えてよ」と問い詰められること間違いないからである。

■機転の利いたせりふ（番外編）
アメリカ映画「カサブランカ」に，こんなワンシーンがあった。
「昨日の夜はどこにいたの？」（Where were you last night?）
と執拗に尋ねてくるイヴォンヌ。そんな彼女に対して，
「そんな昔のことなんて、思い出せんね。」（That's so long ago, I don't remember.）
と，さりげなく身をかわす。ハンフリー・ボガード扮するリックのせりふである。
さて，「覚えていない」は本当なのか，それとも ── 。
　†セリフの引用は，『カサブランカ』（曽根田純子訳，フォーイン スクリーンプレイ事業部）による。

　＊人事異動は，辞令が発令されてはじめて公になる。これが会社組織の秩序（決まり・ルール）である。秘書はその規律と秩序を守る立場にある。もちろん，これを知る機会が多い人事部スタッフも。

> ■人の口に戸は立てられぬ
> 言うまでもないことだが、「自分が言ったことを内緒にすると約束してもらえるなら、教えてもよい」もいけない。
> 「『内緒』だと 言えば伝達 ゆきわたり」（『平成サラリーマン川柳傑作選』講談社）となるからだ。
> でも、これは「夏の夜の夢」ではない。サラリーマン社会の現実である。そして妖精パックのこんな声が聞こえてくる。
> 「はて、さて、なんと馬鹿者ばかりでござろうか、人間というものは！」（福田恆存訳『新潮世界文学２シェイクスピアⅡ』所収、新潮社）と。

②さりげない気の利かせ方

秘書Ａ子の上司は友人と電話で話している。話の内容から、上司がよく利用している店で今夜食事をする約束をしているようである。このようなとき、Ａ子はどのように気を利かせたらよいか。

◆指示があったらすぐに予約できるよう、電話番号を分かるようにしておく。

＊では、①予約が必要なら自分がしようかとメモで尋ねる、②その店に連絡し、席が空いているか確認する、などはどうか。いけません。なぜなら、上司と友人の電話を聞いていたことがあからさまに分かるような、先走ったことはしない方がよいからである。指示があることを想定して必要な準備をしておくくらいの、さりげない気の利かせ方が適当ということである。そう、あくまでもさりげなく。

Column

うわさは怖い

オルレアンのうわさ

　時は1969年5月。フランスはオルレアンでの出来事。こんな話です。「婦人服店の試着室に入った女性がそのまま忽然と姿を消した。それも1店だけではないらしい」と。

　世に言う「オルレアンのうわさ」です。もちろん,誰一人として行方不明になった人はいない。マスコミからその報道もない。しかし,うわさだけは**「口から耳へという径路で広まっていった」**のです。しかも,ほんのわずか,1日か2日の間に。

　そして悲しいかな,「『嫌疑をかけられた』店はすっかり客足がたえ」てしまうことになるのです。**「愚かしいうわさの言葉」**によって。

　　　　　＊引用事例はエドガール・モラン著／杉山光信訳の『オルレアンのうわさ』(みすず書房)による。

　　　　　†そういえば,ロッシーニ作曲のオペラ「セビリアの理髪師」の中に,「中傷とはそよ風のように」と歌い出すアリアがあった。これもあっという間に愚かしいうわさが広まり,世間から中傷される男のストーリーだ。

社内のうわさ

　「プロの秘書は、噂話に耳を貸しません」。こう語るのは中村由美さん。なぜなら,うわさ話には,あることないことを臆測だけで好き勝手に言い触らしていることが意外に多いからです。そう,「いいかげん」なんです。だからこそ,うわさ話には耳を貸さない,加わらないというスタンスで臨む必要があるのです。そしてこれが,**秘書の毅然としたビジネス的態度**でしょう。もちろんこの根っこにあるのは,人を傷つけない,職場での信頼関係を損なわないということにあるのは言うまでもありません。

　　　　　＊また,中村さんは「噂話は誰かを蹴落とすための『悪意あるウソ』として、捏造されている場合もあります。そんなでたらめな情報に振り回されながら仕事をするのは、非常に不毛で非効率的です。また、噂話を広めることで、その悪事の一端を担ってしまったとしたら、職場での信頼関係が損なわれてしまうこともあります」とも指摘している。これは秘書に

限らずビジネスパーソンにとっても重要なコメントだ。

†引用事例は中村由美著『日本一のプロ秘書はなぜ『この気遣い』を大事にするのか？』（プレジデント社）による。

2 要求される人柄

1. 身だしなみを心得，良識がある。
2. 誠実，明朗，素直などの資質を備えている。

1 身だしなみを心得，良識がある

　信頼される秘書になるための第一条件。それは，きちんとした身なりと礼儀正しさにあるでしょう。これが**良識ある身だしなみ**の意味です。

　そして良識ある秘書の身だしなみは，上司や会社の評価を高めます。**第一印象のよさ（ビジネスセンス）**がこうさせるのです。

　では，よい印象を与える身だしなみとはどのようなことをいうのでしょうか。検討してみましょう。

事例研究① 身だしなみを心得，良識がある　　　case study

　新人Ａ子は秘書課に配属された。そこで先輩に秘書としての服装や身だしなみについて尋ねたところ，次のように教えられた。中から<u>不適当</u>と思われるものを一つ選びなさい。

1) 洋服は上着を着たり脱いだりできるスーツがよいが，柄物は避けた方がよい。
2) 身だしなみには礼儀作法も含まれるので，立ち居振る舞いにも気を付けないといけない。
3) 服装は，靴も含めて動きやすさで選ぶのがよいが，おしゃれの要素を取り入れることも大事である。
4) 来客に与える秘書の印象は感じのよさが大切なので，髪形や化粧などにも注意をしないといけない。
5) アクセサリーは自分の好みを大事にしたいところだが，仕事の邪魔になるようなものは着けないのがよい。

> **事例解説**　　　　　　　　　　　　　　　　instructions

　ここでの身だしなみとは，**ビジネスの場に適しているかどうか**という視点からになります。**ビジネスマナー（センス）**です。
　この視点から考えてみると，**不適当な選択肢は1）**になりますが，どうでしょうか。
　秘書の仕事にはこまごまとしたことで動くことが多いので，上着の着脱が楽にできるスーツがよいのはその通り。が，柄はビジネスの場に適していればよいので，特に柄物を避ける必要はないということです。

>＊オーソドックスなもの，ベーシックなものであれば構わない。チェック柄や千鳥柄，織柄，また，シックなネービーストライプなどのスーツがある。もちろん無地でもよい。そしてブラウスなどのインナーは，このスーツに合ったものを。

　では，秘書の身だしなみについて確認しておきましょう。
　服装は，オーソドックスな 形（デザイン） のスーツが基本。**靴**は歩きやすい中ヒール程度のもの。**化粧**は明るく自然な感じで。そして**髪**は，お辞儀をしたとき前に下がらない形のもの。では，**アクセサリー**はどうするか，仕事に差し支えない範囲で身に着けます。

>＊装飾品，特に「イヤリングとピアスは、受話器に当たるとカチカチという不快な音を立てるので、耳たぶの中に収まる小ぶりなデザインのものを選びます。秘書にかぎらず、電話応対の多い職場では、気をつけたほうがいいでしょう」（中村由美著『日本一のプロ秘書はなぜ「この気遣い」を大事にするのか？』プレジデント社）。もちろん時計も。

>＊ストッキングの色は，一般的にはナチュラルなベージュ系。素足はいけない。ストッキングをはいて初めて装いが整うからである。

>＊爪のマニキュアは薄い色か透明のものにする。

　なお，身だしなみを整えるには**礼儀作法**は重要です。これによって，全体に調和の取れた身だしなみが出来上がるからです。

要点整理　　　　　　　　　　　　　　　　　　　the main point

▶ 身だしなみを心得，良識がある

1 ビジネスの場にふさわしい秘書の服装

　秘書としてのふさわしい服装。それは上司のステータスを高め，顧客に感じのよさを与えるための服装のことです。そのために秘書は，ビジネスの場にふさわしく，**整然とした統一感ある装い**をしています。これがビジネスの場で，上司や顧客から信頼を得るための基本スタイルと考えているからです。出題の意図もここにあります。

　　＊第一印象は外見によって決まるそうだ。服装もその一つ。これを心理学では「スレッド効果，つまり服の繊維の効果」（齊藤勇著『自己表現上達法』講談社現代新書）といっている。ことわざにある「浮世は衣装七分」である。秘書はこのこともわきまえて身だしなみを整えている。

　　　†でも，秘書は外見だけで人を判断することはしない。何より失礼だからである。誰に対してもリスペクトをもって謙虚に接していく。そしてこれがビジネスの場における秘書の良識である。

　　＊信頼される装いとは，良識ある装いをしているということ。ここに安心感が生まれる。「この秘書は信頼できる。自ずとこの秘書がいる会社（上司）も信用できる」と。規律ある企業社会で働いているのだからなおさらである。

　　　†秘書の服装は会社や上司のイメージに大きく影響する。このことを常に意識している秘書は，決してカジュアルな服装やスポーティーな服装を選ぶことはない。

2 身だしなみの意味

　身だしなみとは，服装・髪形などの身なりや言葉遣い，態度・振る舞いを整えることです。そして，これが淑やかな秘書として，礼儀正しい秘書として，全体に調和の取れた身だしなみになります。もちろん，その根っこにあるのは**上司や顧客，周囲の人たちの立場を尊重し，敬意(リスペクト)を持って誠実に対応する心，良識**にあります。あらためて，その意味を確認しておいてください。

　　＊「淑やか」とは，慎み深いこと。

3 良識ある秘書の行動，その根底にあるもの

　どちらにも偏らずにバランスよく対応できるセンス。これを**センス・オ**

ブ・プロポーションといいます。物事の判断や考え方に偏りがなく，いつもバランスの取れたビジネス的な行動をとることができる。そうです，これが秘書の根底にある**良　識**（グッドセンス）**（徳）**です。

　　　＊服装などの外見と，内に誠実な人柄とがほどよく調和している。これを，「文質彬彬（ぶんしつひんぴん）」（『論語』）という。そしてこれが秘書に求められる人柄でもある。
　　　　†「文質彬彬」は，加地伸行『論語』（講談社学術文庫）による。
　　　＊この秘書のバランス感覚が，対人関係の場で，そして公共の場で高い評価を得ている。全ビジネスパーソンが見習わなければならない秘書的センス（教養）の一つ。

▶ 出題の視点

　検定問題では，事例研究①に見られるように，「身だしなみと良識」を中心に出題されています。そして，このケースが代表的な出題事例になるでしょう。あらためて，事例研究①とその解説，要点整理からその内容を確認しておいてください。ポイントは，**感じのよさと清潔感，丁寧さ，礼儀正しさ**などになるでしょう。特に，**仕事（ビジネス）の場にふさわしい身だしなみ**なのかどうか，秘書としてその判断力（良識）は重要です。

2 誠実，明朗，素直などの資質を備えている

　誰に対しても誠実であること。それは，誰に対しても明るく素直な心で対応していることを意味します。そう，仕事に，そしてコミュニケーションに。

　では，ビジネスの場における誠実さ，明るさ，素直さとはどのようなことをいうのでしょうか。次の事例から検討してみましょう。

事例研究②　誠実，明朗，素直などの資質を備えている　　　case study

　次は秘書課の新人Ａ子が，秘書としての「誠実さ」とは何かを考えたものである。この中から<u>不適当</u>と思われるものを一つ選びなさい。

1) 同僚が上司から注意されているときは，上司の注意を自分のことのように聞くこと。
2) 取引先との会食に上司のお供で同席したときは，明るく振る舞いながらいつも話の輪の中にいるように努めること。
3) 残業もして長時間かけて上司の会議資料を準備して疲れたときでも，渡すとき疲れた様子を見せないようにすること。
4) 退社のとき先輩が忙しそうに残業をしていたら，「お手伝いします」と言って雑用でも何でも進んで引き受けること。
5) 電話応対の感じがいいと社外の人から褒められたら，礼を言って「いつも上司に鍛えられていますから」と素直に応じること。

事例解説　　　　　　　　　　　　　　　　　　　　　　　instructions

　誠実さとは，「**偽りや見せかけがなく，まじめなこと**」（『大辞林』）ですが，ここで最も重要なこと。それは，人間関係に常に気を配りしながら，謙虚に対応していく。このことに尽きるでしょう。そう，独り善がりの誠実さなど，なきに等しいからです。

　　＊また，誠実は「私利私欲をまじえず，真心をもって人や物事に対すること」（『大辞泉』）ともある。
　　＊誠実さは，相手に伝わって初めて「誠実な心の持ち主だ」と評価される。

　この視点から見てみると，**不適当な選択肢は2)** になりますが，どうで

しょうか。

　場面は取引先との会食。これは仕事です。場合によっては明るく振る舞うことも必要でしょうが，ここでの秘書の役割は，上司と取引先とのビジネスの話を邪魔しないことです。もちろん，雑談になって話を振られたらそれはそれで対応していけばよいでしょうが，でも**基本は控えめに**，です。明るければそれでよし，というわけにはいかないということです。"STUDY TO BE QUIET"。そう，「**努めて静かでありなさい**」（『[完訳]釣魚大全Ⅰ』平凡社ライブラリー）です。

　　　＊話を振られたとき，ここぞとばかりに調子に乗っておしゃべりを始める人がいる。無邪気な主人公である。でもこれはいけない。その場の雰囲気を察して，謙虚に，穏やかに振る舞うことが必要である。「心の穏やかな者は、ひとからも愛され」（完訳＝『釣魚大全』角川選書）る。そしてこれが秘書としての知的な明るさ。もちろんこれは，全てのことについて言える。

　　　＊そういえば，アインシュタインは「私は信じている。地味で、でしゃばらない人生が、だれにとってもいい。肉体的にも、精神的にも」（『増補新版アインシュタインは語る』大月書店）と。そう，だからこそ「静かなることを，穏やかなることを学べ」ということである。

　では，誠実，明朗，素直などについて，適切な選択肢からその意義を検討してみましょう。

　まず**選択肢3)**。これはもう，言うまでもないことでしょう。確かに長時間の残業は疲れます。とてもよく分かります。大変ですものね。でも，疲れ切った表情での資料提出は，仕事に対して誠実であるとはいえないでしょう。直属の上司から指示された仕事を迅速に処理するのが秘書の役割であるからです。ここは，疲れた様子はおくびにも出さないで，「お待たせいたしました」と対応するのがベストです。そしてこれが**仕事（役割）に対して誠実である**ということです。

　　　＊疲れ切った表情は，そのまま「残業をさせた上司のせいだ」というシグナルになる。本人からすれば，素直な気持ちがそのまま表に出てしまったのだろう。が，ビジネスの場ではこれを素直とは言わない。ただのわがままである。

　選択肢4)は，忙しそうにしている先輩のために，「手伝います」と**積極的に声を掛ける**ケース。これが**明るさと素直さ**です。そしてこの根っこに

あるのが**誠実さ**です。

> *ここに「自己中心(エゴイズム)」の発想はない。あくまでも上司のため，スタッフのため，チーム（組織）のために働くということである。
>
> *ここでいう素直さとは，自分の思った通りに行動するということではない。上司の指示に素直に従い，また，他の社員が忙しくしていたら，いつでも手助けできる素直な気持ちを持っているということである。これがチームワークの源泉になる。

　選択肢5) は，取引先から電話応対を褒められたケースです。ここはせっかく褒めてくれたのですから，まずは素直に（明るく）礼を言うことでしょう。そして，「いつも上司に鍛えられていますから」などと応えていきます。「自分の力ではない。上司のおかげだ」というわけです。**上司あっての秘書**だからなおさらでしょう。そしてこれが，**ビジネス的な謙虚さ**です。

> *礼を言うとき，「ありがとうございます」でもよいが，「恐れ入ります」という言い方もある。
>
> 　†「恐れ入る」という言葉は，感謝の気持ちを言い表すときにも使う。
>
> *では，取引先から褒められたとき，「いえ，そんなことはありません」と否定するだけの言い方はどうだろうか。これは避けた方がよいかもしれない。せっかく褒めてくれた取引先の気持ちもある。ここは「いえいえ，そんな」と謙虚な気持ちを伝えつつ，「恐れ入ります。いつも先輩たちの電話応対の仕方をお手本にしていますので」などと周りを立てた言い方が必要になるだろう。決して自分だけが前面に出ることのないように，というわけだ。これもビジネスパーソンが学ばなければならない秘書的センスの一つである。
>
> 　†取引先が秘書を褒めたということは，取引先はその会社（上司）に敬意を表していることでもある。だからこそ，ここは取引先の気分を害さない対応が必要になる。

　そして**選択肢1)** は，仕事に対して誠実であることのもう一つの事例になるでしょう。ミスを共有して反省し，今後このようなことがないように皆で気を付ける。これが**仕事への誠実な取り組み方の基本**であり，職業意識を持つことの出発点でもあるからです。秘書にとって，そしてビジネスパーソンにとっても。

> *職業意識とは，「職業や職務に対する自覚・責任感」（『大辞林』）のこと。

要点整理

誠実, 明朗, 素直などの資質を備えている

1 企業人としての自覚と責任感

秘書として, ビジネスパーソンとしての自覚と責任感。これをより確実なものにするために必要な資質の第一は**誠実である**ことでしょう。

そしてその一例が,「 1)同僚が上司から注意されているときは, 上司の注意を自分のことのように聞くこと」になるでしょう。

他人事(ひとごと)ではなく, 自分の過ちとして捉える。引き受ける。この自覚と責任感が大切だということです。するとチームワーク(協調性)も生まれてくるでしょう。明るく健全な関係を築いていくこともできるでしょう。出題の意図もここにあります。

> ＊仕事はみんなで協力し, また, 補いながら助け合いながら進めていくもの。決して,「友のミス 口で慰め 心で笑う」(『平成サラリーマン川柳傑作選』)ようなことをしてはいけない。また,「同僚のミスで, こっちにとばっちりが来ないだろうか」などとも思わないこと。無責任なだけである。

2 誠実さを備えているということ

誠実さがあれば, 明朗で素直な心が, 態度に, そして言葉に表れてきます。特に上司や顧客と常に向き合う立場にいる秘書にとって, これはなくてはならない**教養**(ソーシャルインテリジェンス)になるでしょう。教養とは, 相手を決して不快な思いにさせない知性にあるのですから。

だからこそ会社(上司)は, 誠実, 明朗, 素直などの資質を備えている秘書に期待を寄せているのです。

> ＊明朗には,「こだわりがなく、明るくほがらかなこと」という意味が, 素直には,「性質・態度などが、穏やかでひねくれていないさま。従順」(『大辞泉』)という意味がある。ともに職業人としての基本的な執務要件である。

> ＊そして, 誠実, 明朗, 素直などの資質を備えていれば, 秘書としての職業意識を高めていくことができる。何ごとも上司の指示(意向)に従い, こまやかな気遣いをしながら業務を遂行していくのが, 秘書の仕事だからである。

> †こまやかな気遣い。それは, 自分は出しゃばらず, 周りの人を立て

ながら協調して仕事をしていくということである。この協調性が周りとの良好な人間関係をつくる。そしてこの謙虚さが、上司を側面から支える大きな力になる。

「良心という日本語のもとになったヨーロッパ語には『他者との共感』という含みがあることを知った」(『この世界の成り立ちについて』ぷねうま舎)と語っているのは月本昭男さん(上智大学特任教授)である。良識、誠実、素直、協調性とも意味が重なりそうな言葉である。

▶ 出題の視点

　検定問題では、事例研究②に見られるように、**誠実、明朗、素直**などを中心に出題されています。そして、これが代表的な出題事例になるでしょう。あらためて、誠実、明朗、素直さとは何かを、事例研究②とその解説、要点整理から確認しておいてください。**秘書技能の基軸**となる重要項目です。

Column

誠実な人柄

人柄のよさ

　人柄のよさって，どういうことかしら。そんなことを考えていた時，コピーライター糸井重里さんのエッセーに出会いました。

　　ほんとうに大事なことは、学校も企業も、
　　「いい人。いっしょにやっていきたい人」を
　　採用したくてたまらないということです。
　　おじぎの角度が完成されていたから受かった、なんて、
　　あるわけないじゃありませんか。
　　あるとしたら、それはおじぎの角度に象徴されるような
　　魅力があったということだと思いますよ。
（糸井重里著『思い出したら、思い出になった。』東京糸井重里事務所）

　言うまでもなく，お辞儀は大事。大事です。
　でも，それに「象徴されるような魅力」とは何でしょうか。
　それはきっと全体の雰囲気から感じられる**誠実さ，人柄のよさ**ではないでしょうか。誠実さがあれば，明朗で素直な心，優しさと思いやり，謙虚さと気遣いなどがバランスよく，態度になって，言葉になって，そう，人柄のよさになって表れてくるからです。
　そしてこの人柄が，人間関係の場でコミュニケーション能力を発揮したとき，**ヒューマンスキル**として高められていくでしょう。**秘書技能**です。

　　＊そういえば，前出の中村由美さんは，秘書の適性として「細やかな気遣い」と「思いやりのある人」「上司や周囲の人たちに心から接することができる」などを挙げていた（『日本一のプロ秘書はなぜ「この気遣い」を大事にするのか？』（プレジデント社）。誠実な人柄の秘書の一例である。

　　＊「これからの時代、一番頼りになる人間的資質は『人柄の良さ』です」（『評価と贈与の経済学』徳間ポケット）。そう語るのは内田樹さん（神戸女学院大学名誉教授）である。また，会社の経営者でもある糸井重里さんは，「好感を持たれること

が、経営そのものの重要な要素になっていく時代が、ほんとうにくるように思う」(『インターネット的』PHP新書)と語っている。企業は今、「いい人、一緒に仕事をしていきたい人」を、本当に必要としているわけだ。

人柄のよさと高い道徳性
　誠実であることは、高い道徳性(モラリティー)を持つことでもあります。そして、この**「徳の深さは仕事に現れ」(中村由美著『日本一秘書の気配り力』祥伝社黄金文庫)**ます。誰に対しても謙虚に、慎み深く振る舞うことによって。

　そしてこの態度と心が、本物の秘書になる第一歩でしょう。**良心**です。

　　　＊「徳」は、うそをつかない、人を侮らないなどを実践することによって身に付く。
　　　＊『論語』に、「子曰わく、徳は孤(こ)ならず、必ず隣(となり)あり」とある。この意味は「道徳を守るものは、孤立しているように見えるがけっしてそうではない、きっとよき理解者の隣人があらわれるものだ」(貝塚茂樹訳注『論語』中公新書)である。良寛さんの「花開く時　蝶来り／蝶来る時　花開く」(谷川敏朗著『校注良寛全詩集』春秋社)である。打算のない誠実な心、真摯な心がそうさせるのである。

第 II 章

職務知識

1．秘書的な仕事の機能

1 秘書的な仕事の機能

1 秘書的な仕事の機能を知っている。
2 上司の機能と秘書的な仕事の機能の関連を知っている。

1 秘書的な仕事の機能を知っている

　秘書の上司は管理職・経営者です。そして**秘書の役割**は，上司が本来の仕事を効率的・効果的に行えるように，その**上司を手助けすること**です。
　では，秘書の仕事にはどのようなものがあるでしょうか。上司のスケジュール管理や来客対応（接遇），そして事務全般です。この個々の仕事を果たすことによって，**上司が仕事に専念できる環境**をつくっていきます。これが**秘書の機能（働き）**です。

　　　　＊役割を果たすための具体的な仕事，それが機能。
　　　　　　†『大辞泉』による機能の意味は，「全体を構成する個々の部分が果たしている固有の役割。また、そうした働きをなすこと」である。
　　　＊Ⅰ-(1)-①「初歩的な秘書的業務を処理する能力がある」を再確認のこと。ともに根っこは共通（関連）している内容だが，ここでの視点は，職務知識としての秘書業務からのものである。

　それでは，秘書的な仕事の機能について，次の事例から具体的に検討してみましょう。

事例研究① 秘書的な仕事の機能を知っている　　　　　　　case study

次は秘書A子が上司に言われて行ったことである。中から不適当と思われるものを一つ選びなさい。

1)「来週，臨時の部長会議を開きたい」と言われたので，日時を尋ね会議室の予約をした。
2)「来週の金曜日に取引先を接待することにした」と言われたので，人数と時間を尋ね，適する店を探して上司に知らせた。
3)「少し考え事があるので誰も取り次がないように」と言われたので，

上司を尋ねてきた人には出勤していないと言った。
4) スケジュール調整のとき「木曜日は関西支社だ」と言われたので，何時までに行くのか尋ね，それに合わせて乗車券の手配をした。
5) 「明日午後1時に急に取引先が来ることになった」と言われたので，同じ時間に予定されている会議をどのようにすればよいか上司に確認した。

事例解説　　　　　　　　　　　　　　　　　　　　instructions

　ここでは，秘書としての仕事をきちんと果たしているのかどうか，その秘書的な機能を問うています。
　さて，**不適当な選択肢は3)** になりますが，どうでしょうか。
　確かに，上司に言われた通りにするとこうなるかもしれません。でも，「誰も取り次がないように」と言われても，場合によっては取り次がないといけないこともあります。出勤していないと言ってしまったらこのような場合の対応ができなくなります。これで秘書の機能を果たしているというわけにはいかないでしょう。

　　　＊新人の場合，上司の言葉を額面通りに受け取り，選択肢3)のような対
　　　　応を見掛けるときがある。

　では，秘書的な仕事の機能から見れば，どのような対応がよいでしょうか。例えば，いろいろなケースを想定して，まずは「今は手が離せない」などと言うのはどうでしょうか。これが**先を読んでの対応**の一例です。
　では，**秘書としてベストな働き**をしているケース，**秘書としての機能を十分に発揮している（果たしている）**ケースを，適切な選択肢から見ていきましょう。
　秘書の仕事の一つに，会議の準備があります。上司から言われたら，日時の確認と会議室の予約をします。事前準備です。**選択肢1)** はそのケースです。上司主催の「臨時の部長会議」です。まずは，とても重要な会議であるとの認識が必要でしょう。すると，すぐに会議室の予約を取る行動に出るはずです。このケースは，そのための対応例です。

　　　＊この他にも果たさなければならない仕事があるが，それについては後述
　　　　する。

　選択肢2) は取引先接待のケースです。この手配も秘書にとって重要な

仕事です。人数や時間を確認し，接待の場にふさわしい店を探します。上司のため，取引先のために。

　　　　＊場合によっては，取引先の料理の好みなどを事前に確認しておく必要もあるだろう。

　選択肢4) はスケジュール管理です。関西支社には何時までに着けばよいのかを確認し，それに合わせて乗車券を手配します。ちょっとした気遣いです。

　選択肢5) もスケジュール管理の一つです。そしてここで重要なこと。それは「同じ時間に予定されている会議をどうすればよいか」と確認することです。もしかしたら上司はこのことを忘れているかもしれません。そのための確認です。そして，ここまでするのが秘書の機能（働き）です。

　　　　＊決して「はい，分かりました」などとは言わないこと。全体のスケジュールに目配りしているのが秘書。

要点整理　　　　　　　　　　　　　　　　　　　　the main point

▶秘書的な仕事の機能を知っている

1 秘書の機能

　秘書の担当業務は多岐にわたります。そして，**上司のために**その一つ一つの秘書業務を確実に的確に処理していくこと。これが秘書としての機能を果たしているということになるでしょう。もちろんこの根本(ベース)にあるのは**責任感と行動力，達成力**です。

　　　　＊役割と機能は連動している。役割（使命）を果たすためには，具体的に仕事をしていかなければならない。これができて初めて，役割を果たすことができるわけだ。

　　　　　　†その意味で機能を，「役割」の中に入れ広義に解釈しても構わない。ともに切っても切れない関係にあるからだ。

　それではここで，秘書の仕事にはどのようなものがあるのか，具体的に見ていきましょう。

2 秘書の担当業務（定型業務）

スケジュール（日程）管理	予定表（年間・月間・週間・日々）の作成と記入／アポイントメント（面会予約）の受け付け／予定の変更とその調整など ＊実技については、「第Ⅴ章技能（6）スケジュール管理」で解説。
出張関係	出張日程の作成／交通機関と宿泊先の手配／関係先への連絡・調整など ＊実技については、「第Ⅴ章技能（6）スケジュール管理」で解説。
来客の接遇	受け付けと取り次ぎ／案内と接待（茶菓のサービス）／上司不在中の応対／見送りなど ＊実技については、「第Ⅳ章マナー・接遇（2）マナー」と「同（3）話し方，接遇」で解説。
電話の応対	上司宛ての電話応対／上司がかける電話の取り次ぎ／上司不在中の電話応対／問い合わせへの応対／連絡など ＊実技については、「第Ⅳ章マナー・接遇（2）マナー」と「同（3）話し方，接遇」で解説。
交際関係	冠婚葬祭に関する手配（葬儀など代理で出席する場合もある）／中元・歳暮等の贈答品の手配／接待の準備など ＊実技については、「第Ⅳ章マナー・接遇（4）交際の業務」で解説。
会議関係	会議開催の通知状の作成と送付（社内会議は，メールで通知する場合が多い）／会議資料の作成と配布／会議の場の手配と準備（社内の場合は会議室を，社外の場合はホテルの会議室などを手配する。茶菓・食事の手配をする場合もある）／議事録の作成など ＊実技については、「第Ⅴ章技能（1）会議」で解説。

文書事務	社内文書,社外文書の作成や清書／文書の受発信事務／文書や資料の整理と保管など ＊実技については,「第Ⅴ章技能（2）文書の作成」で,受発信事務は,同じく「第Ⅴ章（3）文書の取り扱い」で,それぞれ解説。
経理事務	交際費（取引先の接待など）仮払いや精算事務／上司が加入している社外の団体への諸会費の支払い手続き／出張旅費の経理事務など ＊仮払いとは,あらかじめ必要な費用（概算）を経理部から出してもらうこと（経理部から仮に払ってもらうこと）。また精算とは,実際に使った金額と仮払いをした金額の過不足を計算し直すこと。仮払いした金額より多く支出した場合は,その分を経理部に請求し,仮払いより少ない支出の場合は,その分の金額を経理部に戻すというわけだ。
情報活動	社内外からの情報収集・整理・伝達／マスコミとの対応など ＊実技については,「第Ⅴ章技能（5）資料管理」で解説。
環境整備	上司の執務室や応接室の掃除と整理整頓／照明や換気,温度の調節／騒音の防止／事務用品等の整備など ＊これによって,上司や来客が快適に過ごせるようにするわけである。 ＊実技については,「第Ⅴ章技能（7）環境,事務用品の整備」で解説。
上司の身の回りの世話	社用車の手配（上司の送迎がある場合は,出退社時など運転手と確認しておく必要がある）／お茶や食事の手配／健康管理（常備薬をそろえておくことや健康診断の予約など）／同窓会など私的交際の世話など ＊これによって,上司が仕事に専念できるようにしていくわけである。言うまでもなく,私的な用事も快く引き受けていかなければならない。

以上が秘書の**定型業務**(ルーチンワーク)ですが，ときに予定外の対応をしていかなければならないことも出てきます。これが**非定型業務**です。例えば，予約なしの全く初めての来客への対応，マスコミの取材依頼への対応，災害時の対処などがそうです。このことについては，2級で学んでいきますが，そのためにもまず，ここでの基本業務を確実に理解しておいてください。

▶ 出題の視点

　検定問題では事例研究①のほか，次のような事例が出題されています。秘書はどのような仕事をしているのか，その対処例です。

①**上司の出社前の仕事**
　上司が出社するまでにしておかなければならない仕事とは何か。
　◆朝刊を，上司がいつも手に取る場所に置いている。
　◆上司の机の上，応接セットなどが整っているか点検している。
　◆その日のスケジュールを確認し，必要なものがあれば用意している。
　◆前日上司が退社した後に入った連絡事項は，上司にすぐ伝えられるようにしている。

②**上司からの指示を受けるとき**
　上司からの指示を早く的確に受けられるように心掛けていなければならないことは何か。
　◆メモ用紙と筆記具は，呼ばれたらすぐ持っていけるようにいつも机上に置いている。
　◆呼ばれたらすぐに上司の方を向いて返事をしながら立ち上がり，上司のもとに行く。
　◆上司が使うことの多い用語は記号などを決めておき，メモが速く取れるようにしている。
　　＊指示されたことを漏らさないように，メモを取りながら受ける。
　◆指示は受け終わったら要点を復唱し，特に日時や数字などは必ず確認している。
　　＊指示の途中で不明な点があっても，確認は最後にすること。また指示が何件かあったときは，急ぎのものはないか確認すること。

③**上司へ電話で報告するとき**
　外出先から電話をかけてきた上司（部長）に，留守中にあったことを

報告するとき心掛けておかなければならないことは何か。

◆報告することが幾つかあるときは,最初にその件数を言うようにしている。
　　＊報告が終わった後は,「以上でございます」などと言うこと。そして,これも一つの手際のよさである。
◆電話が長引きそうなときは,「お時間は大丈夫でしょうか」と尋ねるようにしている。
　　＊外から電話をかけてきた上司への大切な配慮である。
◆上司から時間がないと言われたときは,急ぐものと重要なものだけを報告するようにしている。

④**面談中の上司へ伝言メモを渡すとき**
応接室で来客と面談中の上司に伝言メモを持っていくとき,どのような流れで上司からの指示を得ればよいか。

◆応接室に入るときはノックをして,「失礼いたします」と小声で言って入る。
◆上司にメモを渡すときは,黙礼をしてメモが見えるように渡す。
　　＊伝言は,口頭ではなくメモで渡す。その理由としては,①そばにいる人にとっては,小声での話は気になるものだから,②口頭だと,会話を中断して秘書と話さなければならないから,③用件によっては,他の人に聞かれては困ることがあるから,などがある。
　　＊「黙礼」とは,何も言わずにお辞儀をすること。
◆メモを渡したら,指示があるまでそばに立って待っている。
　　＊待つときの姿勢は,直立ではなく前傾の姿勢で。また上司から指示があっても復唱はしないこと。
◆メモの内容について質問されたら,来客に聞かれて差し支えないことでも小声で答える。
　　＊この場合の小声はやむを得ない。面談の雰囲気を壊さないようにとの最低限の配慮である。

⑤**食事をする店の予約**
秘書Ａ子は上司から,来週,Ｋ社の部長と課長を食事に招待したい,どこか店を予約しておいてもらいたいと言われた。このような場合,日にちの他にどのようなことを確認すればよいか。

● 職務知識 ●

◆予算はどのくらいか。
　　＊店を決めるときの判断基準になる。また予約の電話を入れたとき，店側から「ご予算はどのくらいですか」と聞かれることもあるし，経理部に仮払いの手続きをしなければならないこともある。大切な確認事項である。
◆料理の種類に希望があるか。
　　＊「近くに評判の店があるから，そこがいいわ」などと勝手に決めないこと。取引先の好みもある。上司の希望もある。まずは確認である。
◆場所はどのあたりにするのがよいか。
　　＊交通の便など考慮しておかなければならないことがあるからだ。
◆上司の他に，当社からの同席者はいるか。

⑥**スケジュール管理**
秘書として，上司のスケジュール管理で配慮しなければならないことは何か。
◆予定が重なるときは，どのように調整するかを上司に尋ねている。
◆翌日の予定は，なるべく前日の夕方に上司に確認するようにしている。
　　＊では確認のとき，上司の勘違いで「明日の２時に来社するのはＰ社だったね」と言われたときどう対応するか。決して，「勘違いです」などと言わずに，「予定表ではＪ社となっているが，間違いかもしれないので確かめる」などと，上司を立てた言い方をすること。そしてこれが配慮。
◆上司が何も言わずに外出しようとしたときは，帰社予定時刻を尋ねている。
　　＊不意の来客があった場合，「○時ごろの帰社予定です」などの対応ができるからである。
◆外出先から帰社が遅れると連絡があったときは，その後の予定を知らせている。
　　＊大事な確認である。

⑦**出張の準備**
上司の出張に際して確認しなければならないことは何か。
◆同行する人はいるか。
◆土産品はどうするか。
　　＊必要と言うなら，その希望の品を購入し，同行する部下がいるならその人に渡しておく。

◆準備する資料はあるか。
◆出張先での予定はどうなっているか。
　　　＊支店や営業所への立ち寄り，また取引先の会社訪問などの日程表を作成するためである。
◆利用する交通機関や宿泊先に希望はあるか。
　　　＊そして出張前日には，①上司に，チケットや仮払いの出張旅費，資料，などを渡し，②宿泊予定のホテルに予約の確認をし，到着予定時刻を伝える。③上司に，出張中の連絡は毎日何時ごろにすれはよいかを確認し，④部内の人には，急ぎの決裁や書類は今日中に回してくれるように頼む，などを手際よく行うこと。
　　　　†なお，長期出張のとき，早く知らせた方がよいと思われる郵便物は，上司に知らせて指示を得る。また，出欠の連絡をするようになっている招待状が届いたら，出張中の上司に確かめて返信しておくこと（返信期限が出張期間中の場合）。全て秘書の仕事である。

⑧出張後の仕事
上司が出張から戻ってきたときにしなければならないことは何か。
◆出張先で世話になった人へ，礼状を出すかどうかの確認をする。
◆上司が出張で使った費用を精算し，精算書を経理部に回す。
◆内線電話で，上司が出張から戻ったことを関係部署に連絡する。
◆作成した日程で，移動などに不都合はなかったかを尋ねる。
　　　＊交通機関での移動に無理があったかもしれないからだ。今後の参考にするためにも確認しておかなければならない事項である。

⑨電話応対の基本１
電話をかけるとき，心掛けていなければならないことは何か。
◆漏れをなくするため，内容を整理してからかける。
◆質問にはすぐ答えられるよう，関係資料を手元に置いてからにする。
◆相手が不在の場合，どのように伝言すればよいかを考えてからにする。
　　　＊例えばこんなケースがある。
　　　秘書Ａ子は上司から，上司の知人Ｆ氏宛てに伝言を頼まれて電話したが，Ｆ氏は不在だった。電話に出た人は，Ｆ氏が戻ったらＡ子宛てに電話するように伝えておくと言う。
　　　さてこのときの伝言の仕方はどうするか，こうである。
　　　①こちらの会社名と上司の名前，②こちらの電話番号，③おおよその用件，④自分が会社にいる時間。

◆必要なことをメモできるように，筆記具とメモ用紙を置いてからかける。

⑩電話応対の基本２

一人でいるときに複数の電話がかかってきたときの対応はどうするのがよいか。

◆上司机の内線と自分の机の外線が同時になったので，外線に出て上司机の内線はそのままにしておいた。

　　＊基本的には外線優先である。

◆内線で話しているところに外線が鳴ったので，外線が入ったので後でかけ直すと言って切り，外線に出た。

◆上司机の内線と自分の机の内線が同時に鳴ったので，上司机の方に出て自分の方はそのままにしておいた。

　　＊この場合は上司の内線電話を優先する。

◆外線で外出中の上司と話しているところに別の外線が鳴ったので，上司との電話を保留にし，別の外線に出た。

⑪電話応対の基本３

上司宛ての電話を取ったが，上司は別の電話に出ていてすぐに出られない。このような場合，電話をかけてきた相手にどのように対応するのがよいか。

◆「あいにく他の電話に出ておりますが，お急ぎでしょうか」と尋ねた。

◆急いでいるので終わるのを待つと言われたので，電話中の上司にメモでそのことを伝えた。

◆電話は終わりそうもなかったので，「電話は長引きそうですが，いかがいたしましょうか」と相手に尋ねた。

　　＊この目配りこそが重要。「メモを渡したのだから，これでおしまい。自分の仕事をしようっと」ということにはならないからだ。秘書業務とはこういうことをいう。秘書的センスである。

◆相手がいったん切ると言ったので，「申し訳ございません。ご伝言がおありでしたら，伺いますが」と言った。

⑫来客対応の基本１

秘書Ａ子の上司が営業所へ出張中，取引先のＳ氏が不意に訪れた。上司から明日受け取ることになっている書類が早く必要になったので，

今日受け取ることはできないかと言う。その書類は，Ａ子が上司の指示で作成し出来上がってはいる。このような場合，Ａ子はＳ氏にどのように対応すればよいか。

◆自分には分からないので，明日，上司が出社するまで待ってもらえないかと尋ねる。

＊これがオーソドックスな秘書の対応になる。いずれにせよ，独断で書類を取引先に渡してはならない。上司の判断，これに尽きるからである。

◆書類が早く必要になった理由を尋ね，その理由を上司に伝えて，よいということなら渡す。

＊書類が早く必要になった理由を上司に伝えて，上司が「そういうことなら構わないよ」と言ったら渡すということである。

◆少し待ってもらい，営業所に出張している上司へ連絡して，渡してよいということなら渡す。

＊出張先の上司と連絡が取れればこの対処の仕方でもよい。まずは上司への確認である。

⑬来客対応の基本２

秘書Ａ子の上司が外出中に，見知らぬ客が訪れた。話を聞くと，上司が外出先で，この日時に会う約束をした客らしい。このような場合，Ａ子は来客にどのように対応すればよいか。

◆客に，上司は急用ができて外出してしまったことを話して謝った。

＊Ⅰ－(1)－②「出題の視点④」でも解説したが，ここで「本日の約束については，何も聞いておりませんが」などと言ってはいけない。それは当方の事情にすぎないからだ。「上司は急用ができて出掛けてしまった」と言って謝るのがよい。もちろん，客に向かって「いつどこでお約束をなさったのですか」と尋ねるのもいけない。

◆客に，後で上司の方から電話をするように伝えるので，名刺をもらえないかと言った。

◆上司が帰社したとき，客の名刺を渡しながら，来訪したときの客の様子を話した。

◆上司に，外出先で面談の約束をしたときは教えてもらいたい，とお願いした。

＊客との間でトラブルが起きてしまってからでは遅い。そしてこれはお互いの幸せのためでもある。

⑭社内での対応

秘書A子の上司（部長）が外出中，専務から「部長はいるか」と内線電話が入った。Y社との取引の件で急ぎ確認したいことがあるという。上司は午後には戻る予定である。このような場合，部長は外出中と言った後，A子は専務にどのように対応すればよいか。

◆「部長は午後には戻るので，戻るまで待ってもらうことはできないか」と言う。

 ＊まずはオーソドックスな確認の仕方である。

◆「部長は午後には戻るが，急ぐなら携帯電話に連絡してみるが，どうか」と尋ねる。

 ＊これもオーソドックスな対応の仕方だろう。

◆「Y社の担当者なら事情が分かると思うが，担当者では駄目か」と尋ねる。

 ＊専務は急いでいる。その対処の仕方の一つである。そしてこれが秘書。

◆「Y社との取引関係のファイルを持っていくが，差し当たり間に合うか」と言う。

 ＊急ぎであるならば，これも一つの対処法である。職務に精通している秘書ならではの打診の仕方。

⑮文書事務

部長秘書A子が，文書に関することで行うことには，どのようなことがあるか。

◆H社へ契約書を書留で送るよう指示されて送ったとき，送り終わった後，送ったと上司に報告した。

 ＊契約書は重要書類だから書留で送る。そしてこの報告は職務の基本である（Ⅴ-(3)-①）。

◆K部長へ秘扱いの文書を届けるよう言われたとき，秘文書とは言わずに上司からだと言って渡した。

 ＊これが秘密文書の取り扱い方。周囲を気にしてのことである。もしK部長が不在の場合でも机の上に置くようなことはせず，直接渡すようにする。

◆上司から，F社から見積書が届いていないかと聞かれたとき，周りの人に確認した後F社に未着の連絡をし，上司に報告した。

＊「届いていないか」と聞かれたとき，Ａ子はＦ社に未着の確認までしている。これが秘書の機能。
◆取引先のＹ部長へ案内状を速達で送るよう指示されたとき，Ｙ部長は明日から出張だと聞いていたので，そのことを上司に伝えた。
　　　＊重要な情報伝達である。これを聞いた上司も次の対応ができるというものである。

⑯葬儀関係

秘書Ａ子が出社すると，取引先Ｆ社の社長が亡くなったとの知らせが入った。告別式の詳細は未定だという。今日，上司はＫ社に直行し，午後に出社することになっている。このような場合Ａ子はどのようなことをしておくのがよいか。

◆香典や供物などの前例を調べておく。
　　　＊前例を調べておくことは重要である。出社した上司から，「以前はどのようにしていたか」などと尋ねられたとき，「社長クラスですと，香典は〇〇万円くらい，供物は〇〇などを届けていました」と応えることができるからである。重要な職務知識の一つである。

◆取引上でＦ社に関係している人に知らせる。
　　　＊取引の関係者に知らせることも，秘書の仕事である。情報の共有である。

◆ここ二，三日の上司のスケジュールに目を通しておく。
　　　＊日程調整の必要が出てくるかもしれないからである。

◆Ｆ社を担当する課員に，告別式の詳細が分かったら知らせてもらいたいと言っておく。
　　　＊上司が参列する場合，何かと段取りを取らなければいけないからである。

●職務知識●

2 上司の機能と秘書的な仕事の機能の関連を知っている

　上司である**部　長の役割**（ミドルマネジメント）には，経営陣（社長，専務，常務などの取締役）（トップマネジメント）の事業方針に基づいた部門の年間計画等の作成，部のマネジメント，人材の育成などがあります。そう，**経営陣の補佐，経営陣を側面から支える**，これが部長の役割になるでしょう。

　では上司としての**機能（働き）**には何があるでしょうか。営業部を例に取ると，その第一は作成した営業計画の実行を営業第１課，営業第２課などの課長に命じていくこと。そして部門長として，各課を統括し事業目標の達成を図っていくことなどにあるでしょう。**利益の追求（業績の向上）**（マネジメント）です。

　もちろん，この他にも果たさなければならない機能（働き）は幾つかあります。例えば，経営陣に対する計画の進捗状況の報告や相談，他部門長との交流，部内の課長や係長，担当者との交流，取引先との折衝・交渉などがそうです。

　そして秘書は，この上司の役割と機能を十分に理解し，秘書としての機能を果たしていかなければならないでしょう。上司としての機能（役割）を十分に発揮してもらうために。

　次を検討してみましょう。上司の一つ一つの仕事は秘書の仕事（機能）と密接につながっている，そんな事例のスタディーです。

事例研究② 上司の機能と秘書的な仕事の機能の関連を知っている　case study

　次は，営業部の新人スタッフＢ子が「上司（部長）と秘書の仕事上の関係について」尋ねたことと，それに対する秘書Ａ子の回答である。中から不適当と思われる回答を一つ選びなさい。

1）　上司のことを理解することが何より大切だというが，それがどうして秘書の仕事になるのか。
　　「上司を理解するということは，上司の意を酌んで仕事ができ，それが結果的に上司の仕事を軽減することにつながるからだ」
2）　来客応対での丁寧なお辞儀と言葉遣いは，秘書としての存在価値を高めるためにしているのか。

67

「そうではない。あくまでも上司（会社）のステータスを高め，事業活動に貢献するためのものだ」
3）　秘書の仕事は，上司の周辺雑務を全て引き受けるというが，どうしてそれが会社のためになるのか。
　　　「周辺雑務に煩わされることなく，営業部長として部を統括し売り上げの向上に努めることができるからである」
4）　上司の私的な交際の世話までするのが秘書の仕事だというが，どうも納得いかない。仕事とは直接関係ないのではないか。
　　　「その通りだが，同窓会や趣味の会への出席に関する手続きなどは全くのプライベートに関することなので，そこまでする必要はない」
5）　上司のスケジュール管理は秘書の仕事だというが，パソコンを使えば上司が自分で日程管理をする方が早いのではないか。
　　　「早ければよいというものではない。面会時間の変更などが起きた場合，上司はその調整に時間を取られてしまい，結果的に管理職としての仕事が全うできなくなるからだ」

事例解説　　　　　　　　　　　　　　　　　　　　　instructions

　「秘書的な仕事の機能」を踏まえてのケーススタディーです。**不適当な選択肢は4）**になりますが，さて，いかがでしょうか。
　確かに，一般の営業スタッフであれば，このようなことまでする必要はないかもしれませんね。では，なぜ秘書は上司の私的な面もサポートするのでしょうか。
　秘書の上司は管理職としての重責を担っています。そして多忙な毎日です。そんな上司に秘書は何をするべきでしょうか。上司の私的なことも引き受けることです。それが同窓会や趣味の会への出席に関する手続きなどであってもです。これによって，**上司が仕事に専念できる環境**をつくっていけるからです。
　どうでしょうか。これが上司の仕事と秘書の仕事が密接につながっている（関連している）ことの一例です。

　　　　　　　＊重責を担っているということは，ほとんど私的な時間はないということ。1日24時間を会社に捧げているといってもよい。従ってここまでが会社の仕事で，ここからは私的といったような線引きはあまり意味を

◉職務知識◉

なさない。そうした上司の立場を理解して，全面的にサポートするのが上司と秘書のビジネスライクな関係である。
＊同窓会や趣味の会，所属団体などを知っているということは，上司を理解する上で重要なこと。電話などで連絡が入ってくるかもしれないからだ。

　では，適切な選択肢から「上司の機能と秘書的な仕事の機能の関連」を見ていきましょう。
　まず**選択肢1)** ですが，これは組織における上下関係（職位）がその根っこにあります。上司のことを理解するということは，その上司に合わせた仕事の仕方ができるということです。上司もストレスが溜（た）まらず自分の仕事に専念できるでしょう。
＊これは上司（会社）の仕事の仕方，考え方を理解するということ。大前提である。
†例えば，報告は手短でいいのか，ある程度詳しい方がよいのか，また，指示された仕事は期日前までに仕上げた方がよいのか，期日通りでよいのか，などである。
＊上司に限らず，相手に合わせて仕事ができるのが秘書。そしてビジネスパーソンが学ぶべきはこの秘書的センスである。

　選択肢2) は来客応対でのケース。でも丁寧なお辞儀と言葉遣いは，自らの存在価値を高めるためにするものではなく，まずは顧客を配慮（リスペクト）する心をもってするべきものです。そしてこれが，「さすがこの会社は上司の教育が徹底している。信頼できそうだ」との評価を得ることにつながっていくのです。その後の商談も気持ちよくできるでしょう。これが，上司（会社）のステータスを高め，事業活動に貢献することの意味です。
＊丁寧なお辞儀と言葉遣いは，自己表現のため，自己満足のためのパフォーマンスではないということ。顧客へのリスペクトこそがベストな接遇であり，これによって上司と顧客との商談もスムーズに運ぶことにもつながる。
†事務的な対応やつんと澄ました応対は論外。上司と顧客との商談に悪影響を及ぼすこともあるからだ。秘書は，来客応対も商談の一つと考え，その環境づくりに努めている。そしてこれも上司の機能と秘書的な仕事の機能の関連の一つでもある。ビジネスパーソンも気を付けておかなければならない心得である。

　選択肢3) は，「上司の周辺雑務を全て引き受けることがなぜ，会社のた

69

めになるのか」。ここはそんなケースですが，なるんです。上司は営業部長として会社（経営陣(トップマネジメント)）の期待に直接応える役割を担っています。その期待の一つが部を統括し売り上げの向上を図ることです。その上司の部下である秘書は，上司が営業部長としての仕事に専念できるように雑多な仕事を引き受けるのです。そしてこの秘書の仕事は，間接的に会社の成果と結び付いていくというわけです。そう，上司の期待に応えるということが。

  ＊この考え方は，全てのビジネスパーソンにとっても重要なこと。ルーチンワークを一つ一つ丁寧にこなしていくことが，会社への事業貢献につながっていくからである。

　そして**選択肢5）**です。確かに，パソコンを使えば上司が自分で日程管理をする方が早いかもしれませんね。でも，上司のスケジュール管理には，日々の面談だけでなく接待や出張の日程調整・手配など，その仕事は多岐にわたります。このような状況の中で，上司が自身で日程管理をしたとしたらどうなるか。部長としての仕事に支障が出てくるでしょう。これでは困ります。上司の仕事（機能）は，面談や取引先の接待，出張そのものにあるわけですから，これを効率的に進めてもらうためにスケジュール管理があるのです。これが秘書の仕事（機能）です。上司の機能と秘書的な仕事の機能のつながり（関連）の一例です。

  ＊面談のダブルブッキング（二重予約）や面会時間の変更などのケースも起こり得る。これを上司が自身で処理（調整）するにはかなりの負担になる。

要点整理　　　　　　　　　　　　　　　　　　the main point

▶上司の機能と秘書的な仕事の機能の関連を知っている

１　上司の機能

　部長の仕事は，部門長として各課を統括し事業目標の達成を図り，**会社（経営陣）の期待に応えていくこと（業績の向上）**にあります。しかし，上司がこの期待に応えるためには多くの仕事をこなしていかなければなりません。雑務も結構多いのです。そしてこの雑務を抱えたままでは，会社の期待に十分応えることができなくなるかもしれない。

　いえ，期待に応えることはできるんです。上司のそばに気遣いのある

秘書（ベストセクレタリー）がいれば，そう，十分できるのです。

2 上司の機能と秘書の機能の関連

そして，ここに**秘書の存在理由**（レーゾンデートル）があります。上司あっての秘書です。秘書の役割は，上司のマネジメントが能率的に行われるように雑務を引き受け，上司を手助けすることです。これに尽きるといってもよいでしょう。**上司が能率的にマネジメント活動できるようにするために設定された職務（担当の任務），それが秘書**というわけです。

> ＊商品別売り上げ数字の集計なども秘書の機能の一つ。そのデータを分析し営業判断をするのが上司の機能の一つ。上司はいちいち細かな集計作業はしない。
>
> ＊上司が役割と機能を果たすために，秘書の仕事があるということ。上司の私的な面をサポートする理由もここにある。言うまでもなく目的は一つ。業績の向上にあるからである。
>
> †上司の仕事の一つ一つは，秘書の仕事に直接つながっているということ。
>
> ＊秘書の機能（仕事）については，前項「①秘書的な仕事の機能を知っている」を確認のこと。

上司は「どうすれば企業の業績を上げられるか」を考えて仕事（マネジメント）をし，秘書は「どうすれば上司が目標達成できるか」を考えて働いています。そしてこれは，**ともに会社の期待に応えるために，それぞれの機能を果たしている**ということです。**目的は一つ，事業への貢献**というわけです。出題の意図もここにあります。

3 秘書の機能から担当スタッフが学ぶこと

なお，言うまでもないことですが，今後この秘書機能は部門のスタッフにも求められてくるでしょう。スタッフが担当している一つ一つの仕事は全て企業実績と結び付いているからですが，何より，会社の業績を上げていくためには，その前提である企業への貢献意識が重要になってくるからです。

その意味で，これからのスタッフは秘書的な機能（スキルとマインド）を身に付けていることが条件の一つになってくるでしょう。この**秘書的なセンスは企業にとってはなくてはならない存在**だからです。

▶ 出題の視点

　検定問題では事例研究②に見られるように,「上司の機能と秘書的な仕事の機能の関連」を中心に出題されています。そしてこのケースが代表的な出題事例になるでしょう。あらためて確認しておいてください。

　　　＊なお，その他の事例については，前項「①秘書的な仕事の機能を知っている」から〈出題の視点〉が参考になる。

Column

機能って何だろう

機能とは，一つ一つの仕事を丁寧にこなすこと，そしてそれを深めること

　岸辺みどりさん。覚えているでしょうか。第Ⅰ章(1)-①のコラム「仕事に真摯であること」で紹介した辞書編集者です。その続きです。

　　岸辺は１年８カ月のあいだに、さまざまな辞書に触れるようにしていた。なにげなく使っているときは気がつかなかったが、たしかに辞書によって、会社によって、紙の色や手ざわりやめくり心地がまるでちがう。編集部にある辞書を何度も何度もめくり、岸辺は指先で紙を味わってきた。しまいには、目を閉じてページに触れただけで、どの出版社のなんという辞書か、ほぼ言い当てられるようになったほどだ。佐々木には、「利き辞書検定があれば、資格１級を取れるのにねえ」とあきれられた。

（三浦しをん著『舟を編む』光文社）

　すごいことです。ただ漫然（ぼんやり）と辞書を眺めていてはいません。そしてこれが編集者としての機能を発揮する第一歩です。
　言うまでもなく，岸辺さんにとって辞書の用紙選定は重要な仕事の一つです。そのために，何度も何度も見本紙を吟味しています。「ページをめくるとき，１ページずつきちんとめくれるか，色合いはどうか，インクの乗り具合はどうか，文字は裏写りしていないか」などと。
　そんな岸辺さん，上司からの指示で製紙会社に見本紙の確認に出掛けました。
　「色も薄さも触り心地も十二分に合格点だ」。岸辺さんはそう確信しました。でも上司である馬締（まじめ）さんが果たして合格点を出すかどうか。ＯＫが出なければ，またやり直しです。岸辺さんは上司に報告の電話を入れます。

　「まじめさん、岸辺です。紙、ばっちりでしたよ」
　「それはよかった。懸案事項がひとつ減りましたね」
　「サンプルもいただいたんですが……、今日、直帰してもいいですか」
　「どうぞ。岸辺さんがいいと判断されたのなら、サンプルを確認するまでも

ないでしょう」

(三浦しをん著『舟を編む』光文社)

　いかがでしょうか。
　これが**上司と部下との理想的な関係**です。そしてこの理想的な関係の根っこにあるのは上司の部下に対する**信頼**です。岸辺さんの日頃の真摯な仕事ぶりをよく見ている馬締さんだから、「彼女がいいと言うなら間違いないだろう」と判断したのでしょう。
　一方の岸辺さん、上司が何を重視して最適の紙を選ぼうとしているのか、このことをよく**理解**して見本紙の検討をしています。そしてこの紙なら「馬締も納得するにちがいない」と思ったのでしょう。結果的にこれが、上司の負担（気掛かり）を減らすことにつながっていきます。
　部下を信頼する、上司を理解する、このことがともに仕事をする上でいかに大切かが分かります。これが**機能を果たす（期待に応える）**ことになるからです。**機能の心（スピリット）**です。

　　＊目立たないけれど、ビジネス社会には岸辺さんのように一つ一つの積み重ねを大事にしているビジネスパーソンはたくさんいる。例えば、化粧品メーカーの資生堂にこんなケースがある。資生堂名誉会長、福原さんの話である。

　　資生堂では、製品や広告に「資生堂書体」と呼ばれる書体を使っている。宋朝体をベースに、資生堂意匠部に在籍していた日本画家の小村雪岱が基本を作り、グラフィック・デザイナーの山名文夫が完成させたものだ。／昔はみなこの書体を手書きで作っていた。いまの時代でも、宣伝部のデザイナーたちは、入社後の１年間ずっと、資生堂の花椿マークと資生堂書体の文字をフリーハンドで描くことを課せられている。シンプルではあるが、そのくらい熟練を要するものではあるし、そうすることでクリエイターが会社の基本的なデザイン基調（資生堂スタイル）を身体化することが狙いなのだ。

(福原義春著『美』ＰＨＰ新書)

　一つ一つの積み重ねが高度な熟練技能を身に付ける第一歩であるということ。そしてこれが会社（上司）からの信頼を得ることができるスタートラインでもあるということ。

秘書的機能とビジネスパーソン

　秘書が秘書機能を果たしているように，岸辺さんは秘書的機能を十分に発揮していました。そしてこのことは，これからのビジネスパーソンにも求められてくるでしょう。上司（部長・課長・係長）やチームメンバーの考えを理解し，信頼していかないと，仕事そのものが機能していかないからです。

　企業が，全てのビジネスパーソンに秘書的機能を期待している理由もここにあります。学ぶべきは**秘書的機能の心**です。**One For All All for One** の精神です。

第 III 章

一般知識

1. 社会常識
2. 経営に関する知識

1 社会常識

> 1 社会常識を備え，時事問題について知識がある。

1 社会常識を備え，時事問題について知識がある

　時事とは，国際情勢（関係）から政治・経済，社会，教育・文化・スポーツなどでのさまざまな出来事のことをいいます。そしてこの分野で使われる用語は確実に理解しておきましょう。社会常識として。

　では，次の事例を検討してみましょう。新聞などでよく見掛ける一般常識問題です。

事例研究①　社会常識を備え，時事問題について知識がある　　　case study

　次は用語とその意味（訳語）の組み合わせである。中から<u>不適当</u>と思われるものを一つ選びなさい。

1) リザーブ　＝　調査
2) レジュメ　＝　要旨
3) トピック　＝　話題
4) ブランド　＝　銘柄
5) パテント　＝　特許

事例解説　　　　　　　　　　　　　　　　　　　　　　　　instructions

　いかがでしょうか。**不適当な選択肢は1)** になります。

　では，リザーブの正しい意味は何か。そうです。**予約**です。ちなみに調査は「リサーチ」となります。

　　　　　　＊リザーブは，「蓄え」や「控えの選手」などの意味にも使われる。

　選択肢2) のレジュメは要旨の他，「要約」「摘要」と，また，**選択肢3)** は論題，**選択肢4)** は商標，**選択肢5)** は特許権ともいいます。そしてここから，言い方は一つではないことを押さえておいてください。

一般知識

要点整理　　the main point

▶社会常識を備え，時事問題について知識がある

1 時事用語について

時事用語とその意味は正しく覚えておきましょう。これが社会常識を備えることであり，上司とのコミュニケーションも仕事上の会話もスムーズに進みます。そして出題の意図もここにあります。

* 「当社のプロモーションビデオを持ってきてくれ」と言われたとき，「えっ，プロポーションビデオですか」と聞き返したりしては困るからである。もちろん，アメニティー（快適空間）をアニメティーといっても困る。
* 決してうろ覚えのままではいないようにする。新聞などで初めて知った用語はすぐ手帳などにメモしておくとよい。

2 時事用語の範囲

時事用語は，国際情勢から政治・経済，社会，教育・文化・スポーツに至るまで多岐にわたります。そこでここでは，時事用語の範囲をイメージしやすくするために，その一覧を掲載しておきましょう。参考にしてください。

①国際関係

国際連合（国連） （本部はニューヨーク）	国際平和機構。国際平和と安全の維持，経済などの国際協力の達成のため設立された。
ＥＵ（欧州連合）	ヨーロッパの国々を一つの共同体に統合するために創設された。
ユネスコ （本部はパリ）	国連文化教育機関。国連の専門機関の一つで，教育・科学・文化を通じて世界の繁栄に貢献することを目的としている。
ユーロ	欧州連合の単一通貨のこと。
サミット	主要国首脳会議。主に政治・経済問題を協議する国際会議。Ｇ８。
ＮＧＯ	途上国への援助活動をしている民間の国際協力機構のこと。

ＯＤＡ	政府開発援助。先進国による途上国への経済援助のこと。
ワシントン条約	ワシントンで調印された国際条約。絶滅の恐れのある野生動植物などの輸出入を規制するためのもの。
ダボス会議	世界経済フォーラム（非営利団体）が催す会議。世界から知識人や政治家がスイスのダボスに集まり世界が直面する問題を議論。

②政治・経済

セーフティーネット	政府による失業者や倒産企業を救う制度のこと。政府の「総合雇用対策」の一つ。
政令指定都市	政令により指定された人口50万人以上の市のこと。区を設けることなどができる。大阪・京都・名古屋・横浜など。
地方公共団体	地方自治体ともいう。都道府県市町村など。
規制緩和	経済活動をより活発にするために、今まで政府が企業に義務付けていた届け出制などの手続きを緩和または廃止すること。
公取委	公正取引委員会のこと。不当な事業活動（入札談合や誇大表示など）をやめさせ、公正な事業活動の促進を図る機関。
経済3団体	日本経済団体連合会（経団連）、日本商工会議所（日商）、経済同友会（同友会）の3団体のこと。全国の企業や経営者で組織化されている経済団体。 ■経団連　東証1部上場企業を中心に約1300社が加盟。経済全体の政策を提言。 ■日　商　中小企業を中心に126万社が加盟。中小企業の意見を反映した提言。 ■同友会　経営者が個人の資格で入会。業界に縛られずに政策を提言。 （「読売新聞」平成26年1月14日付朝刊より）

●一般知識●

| 通貨の単位 | ドイツ／ドイツマルク　アメリカ／ドル　イギリス／ポンド　台湾／台湾ドル　中国／元　韓国／ウォン　イタリア／リラ　インド／ルピー　フランス／フラン　オーストラリア／オーストラリアドル　ブラジル／レアル　カナダ／カナダドル　など。 |

③社会

インフラ	インフラストラクチャーの略。都市の生活環境や経済活動を支える共通基盤施設。上下水道，道路，鉄道，学校，公園など。
バリアフリー	道の段差などの障害を取り除き，高齢者や障害者が歩きやすいようにすること。
ユニバーサルデザイン	高齢や障害のあるなしに関係なく，全ての人が快適に生活できるように製品や建造物，その他をデザインすること。
ノーマライゼーション	高齢者や障害者などを施設に隔離せず，健常者と一緒に助け合いながら暮らしていくのが正常な社会のあり方であるとする考え方（『大辞泉』）。
ダイバーシティー	多様性のこと。企業で，国籍や人種，性別，年齢などに関係なく，人材を活用すること。
ギネスブック	さまざまな分野の世界一を記録した本。例えば，「売り上げが世界一のテーマパークは東京ディズニーランド」。
AC（エーシー）	公共広告機構のこと。営利目的ではなく，社会のためになる広告を出すために作られた社団法人。その広告は，骨髄バンク登録キャンペーンや環境問題，公共マナー，教育問題など多岐にわたっている。媒体は，テレビ・ラジオや新聞・雑誌，駅の電飾広告など。
個人情報保護法	入手した氏名・住所などの個人情報を，本人の同意なしに利用することを禁じた法律のこと。

81

迎賓館（げいひんかん）	海外からの賓客（大事な客）をもてなすための施設。東京と京都の2カ所にある。
団塊の世代（だんかいのせだい）	昭和22年から24年ごろまでの間（第一次ベビーブーム時代）に生まれた世代のこと。ほかの世代に比べ圧倒的に数が多い。
世相漢字	その年の世相を表す漢字一字を全国から募り，「今年の漢字」として毎年発表している。清水寺の貫主が色紙に揮毫（きごう）する。過去「愛」などが選ばれている。公益財団法人日本漢字検定協会主催。
防災訓練	火災や地震などに備えた訓練のこと。9月1日（大正12年のこの日，関東大震災が起きた）の防災の日に国を挙げての訓練が行われている。

④教育・文化・スポーツ

生涯学習	自己啓発やキャリアアップを目指して学習を続けていくこと。
OJT（オージェーティー）	職場内教育研修。現場での仕事を通して，業務に必要な知識や技能を習得させること。オン・ザ・ジョブ・トレーニング。
Off-JT（オフジェーティー）	職場外教育研修。研修所などに集合させて，仕事に必要な教育研修を行うこと。オフ・ザ・ジョブ・トレーニング。
文化財	国が文化的価値のあるものとして認め，また保存の対象としている文化遺産のこと。その指定・選定・登録された文化財には，五稜郭（函館），三内丸山遺跡（青森），中尊寺境内（岩手），日光杉並木街道（栃木），江戸城跡（東京），姫路城跡（兵庫），キトラ古墳・高松塚古墳（奈良），吉野ヶ里遺跡（佐賀），などがある。いずれも観光スポットとしても有名である。 ■日本の世界遺産　国際連合教育科学文化機関（ユネスコ）の世界遺産に登録されている文化・自然遺産。姫路城，原爆ドーム，平泉，富士山などがある。

万国博覧会	世界の国々が工業製品や美術工芸品などを出品展示する国際的博覧会のこと。万博。
ノーベル賞	物理学や医学，文学，経済学，平和などにおいて，功績を挙げた人に贈られる賞。
ＩＯＣ	国際オリンピック委員会のこと。オリンピック大会の国際的な統括機関で，その運営は，放送権料などの収入による。本部はスイスのローザンヌ。

　なお，このほか**二十四節気**（１年を24等分してその各区分に立春や春分，夏至，秋分など季節を表す名称を付けたもの）や**年中行事**（暦の行事），**祝日**（文化の日や憲法記念日，昭和の日など）も，押さえておくとよいでしょう。

３ もう一つの社会常識

　社　会　性（ソーシャルインテリジェンス）という言葉があります。これは道徳や公共心，対人関係を十二分に意識して行動できるということです。例えば，約束を守る，社会のルールを守る，組織の規律を守る，常に相手中心の行動をとる，などがそうでしょう。そして，この根っこにあるのが**真摯（真面目）な心**です。**秘　書**（ビジネスパーソン）の基本的態度です。

　いずれにせよ，求められるもう一つの社会常識，それは真摯さでしょう。信頼されるための大本（おおもと）です。

　そういえば，漱石の『こころ』の中で，「私」に問い掛ける先生の言葉があります。**「あなたは本当に真面目なんですか」**（岩波文庫）と。

> ＊ニーチェの『曙光』に「約束の本当の姿」というものがある。こうである。「例えば、明日、５時に会いましょう」という日常的な約束の場合でも、それは５時のビジネスライクな待ち合わせだけを意味していない。／二人の親密な関係、いたわりあい、信頼、これからも続く絆の確認、相手への気遣いなど、たくさんのものが約束されている。それは人間的な誓いとも言えるものだ。
> （フリードリヒ・ニーチェ著／白取春彦編訳『超訳 ニーチェの言葉』
> 　　　　　　　　　　　　　　　　　　　　　ディスカヴァー・トゥエンティワン）

> †ニーチェは，事務的な約束を超えて，約束することの本当の意味を心に留め置き，対応していくことの大切さを語っている。「温かい常識」（養老孟司，徳川恒孝著『江戸の智恵』ＰＨＰ研究所）である。そしてこれは秘書に要求される「誠実，明朗，素直」などの人柄と直結する重要な資質でもある。

> 出題の視点

検定問題では事例研究①のほか，一般常識問題として次のような形式で出題されています。基本的な用語が中心です。確認してください。

①関係ある用語の組み合わせ

- ◆スキルアップ　──　資格
    *スキルアップとは，技術力を高めることだが，ここから資格の取得などがイメージできる。このように考えていく。以下も同様。

- ◆チームワーク　──　仕事
- ◆トップダウン　──　社長
- ◆ベースアップ　──　給料
- ◆ボーナス　　　──　査定
- ◆オブザーバー　──　会議
- ◆ボランティア　──　無償
- ◆リクルート　　──　採用

②略称と正式名称の組み合わせ

- ◆経　産　省　　＝　経済産業省
- ◆国　交　省　　＝　国土交通省
- ◆農　水　省　　＝　農林水産省
- ◆文　科　省　　＝　文部科学省
- ◆厚　労　省　　＝　厚生労働省

③用語とその意味の組み合わせ

- ◆モラール　　　＝　士気，やる気
- ◆ボランティア　＝　奉仕者
- ◆エージェント　＝　代理人
- ◆コンセンサス　＝　合意
- ◆ビジター　　　＝　訪問者
- ◆エリア　　　　＝　区域
- ◆ジャンル　　　＝　領域，部門
- ◆グレード　　　＝　等級，階級，段階
- ◆メディア　　　＝　媒体
- ◆コンテンツ　　＝　内容

◆ダイジェスト　　＝　要約
◆タイアップ　　　＝　提携
◆クオリティー　　＝　品質
◆トライアル　　　＝　試み
◆エキスパート　　＝　専門家
◆エコロジー　　　＝　自然環境保護

④ **用語と説明の組み合わせ**
　◆アソシエーション　＝　協会や団体のこと。
　◆ライフライン　　　＝　生活に必要不可欠な，電気・ガス・水道・通信・交通網などのこと。
　◆オブザーバー　　　＝　会議などで，参加はしても議決権のない人のこと。傍聴人。

⑤ **よく使われる言葉遣いとその意味の組み合わせ**
　◆「1,000円以上」とあれば，1,000円を含む言い方になる。
　　＊「以下」も同じ使い方になる。
　◆「岡田はじめ10名」とあれば，合計で10名になる。
　　＊岡田ら10名も同様の使い方になる。なお，岡田外(ほか)10名となると合計は11名になる。
　◆「20歳未満入場お断り」とは，19歳では入場できないということ。
　　＊未満とは，「未(いま)だ満たない」ということ。20歳は入場できるということ。
　◆「足かけ3年」とは，3年目の端数を1年と数えて3年ということ。
　◆「終日」とは，1日中ということ。
　◆「半期」とは，一期（1年）の半分ということ。
　　＊上半期といえば，一年の半分の前期のこと。
　◆「一両日」とは，今日か明日ということ。
　◆「隔月」とは，1ヵ月置きということ。

2 経営に関する知識

1 経営に関する初歩的な知識がある。

1 経営に関する初歩的な知識がある

　経営に関する知識とは，会社の組織全般についての知識のことです。組織の構成（仕組み）や会社での役職名（序列），営業・人事・総務・経理等で使われる用語，などがそうです。

　ではなぜ経営の知識が必要になるのでしょうか。仕事上必要な知識だからですが，もちろんこれだけではありません。部門のトップとして，また経営の一端を担っている上司は，普段から会社全体の動きを見ながら仕事をしています。また，経営に関する用語を織り交ぜながら秘書に仕事の指示を出したりもしています。このとき，会社組織のことやそれに関する言葉の意味が理解できないのでは仕事になりません。分からないでは済まされないということです。

　ではそれを具体的に見てみましょう。会社組織に関する知識のケーススタディーです。

事例研究① 経営に関する初歩的な知識がある　　case study

次は一般的な会社の組織について述べたものである。中から不適当と思われるものを一つ選びなさい。

1) 営業部や製造部は直接利益に貢献する部署なので，社内の位置はトップである。
2) 会社の目的は利益の追求にあるが，それは企業の社会的責任を果たすことでもある。
3) 総務部，人事部，経理部などの間接部門は生産や営業を側面から支える部署だから秘書的な役割ともいえる。
4) 会社の組織は営業部や総務部などのように部署に分かれているが，それは経営効率の上からである。
5) 会社には地位の高い順から専務，常務，部長，課長などの役職がある

が，地位の順は責任の重さの順でもある。

事例解説　instructions

　言うまでもなく会社組織は，製造部や営業部，総務部，人事部などの部門によって構成されています。そしてそれぞれの部門は，その与えられた役割（職務）の範囲内で仕事をしています（**業務分掌**）。営業には営業として果たすべき仕事が，総務には総務として果たすべき仕事があるというわけです。

　　　　＊これにより，営業は営業の仕事に集中することができる。業務の効率化である。
　　　　＊なお，製造部や営業部などの部門については，次ページに「一般的な会社組織」として図示してあるので確認のこと。

　さて，このことを踏まえて考えてみると，**不適当な選択肢は1)**になりますがいかがでしょうか。

　確かに，製造部は商品を作り，その商品を売るのは営業部です。これらが機能しなければ利益の確保はできません。でも，これはあくまでもそれぞれに与えられた役割であって，「だから製造部と営業部は特別なんだ（偉いんだ）」ということにはなりません。あくまでも**役割の違い**であって，他部門との関係は常にフラットです。

　　　　＊なお製造部と営業部は，直接利益に貢献することから直接部門（ライン）とも呼ばれている。

　それでは，適切な選択肢から会社組織について，その基本を見てみましょう。

　まず**選択肢2)**。企業は経済の担い手です。利益を上げることによって経済が活性化し社会が発展します。だからこその利益の追求です。そしてこれが企業の社会的責任の一つです。

　　　　＊企業の社会的責任の代表格に，法の順守，納税の義務，雇用の創出がある。もちろん社会貢献活動も重要な社会的責任の一つである。
　　　　＊上司は常にこのことを念頭に置いて仕事をしている。上司を理解する上で重要な経営知識である。

　次に**選択肢3)**。これは会社にとってなくてはならない重要な部門です。総務部，人事部，経理部のサポートによってライン部門は，生産（製造）

一般的な会社組織

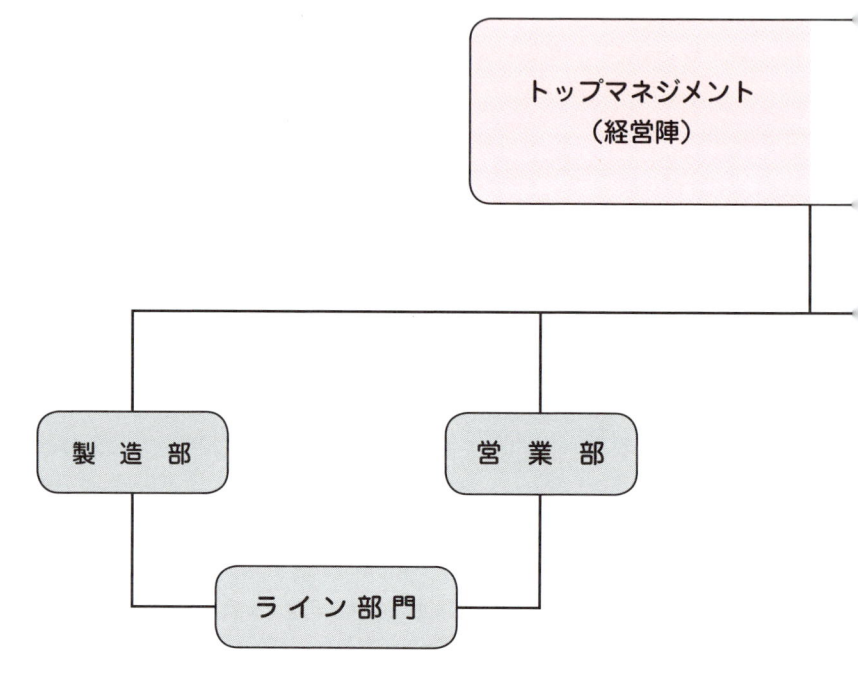

```
                    ┌─────────────────┐
                    │ トップマネジメント │
                    │    （経営陣）    │
                    └─────────────────┘
                             │
          ┌──────────────────┴──────────────────┐
          │                                     │
    ┌───────────┐                         ┌───────────┐
    │  製 造 部  │                         │  営 業 部  │
    └───────────┘                         └───────────┘
          │                                     │
          └──────────────┬──────────────────────┘
                  ┌─────────────┐
                  │  ライン部門  │
                  └─────────────┘
```

製造部は，環境や安全，利便性に配慮した製品の製造，仕入れ品の検査，製造過程でのチェック，製品の検査，在庫管理，安全衛生管理などの業務を担当している。

営業部は，製品（商品）の販売，顧客動向調査（市場調査），商品の売れ行き状況調査，新規顧客の開拓，販売促進活動などの業務を担当している。

●一般知識●

```
（代表）取締役（社長）
（専務）取締役
（常務）取締役
　　　　取締役　　監査役
```

```
　　　　　　　　　┌─────────┬─────────┐
　　　　　　　　　│　　　　　│　　　　　│
　　　　　　　総務部　　　人事部　　　経理部
　　　　　　　　　│　　　　　│　　　　　│
　　　　　　　　　└──スタッフ部門──┘
```

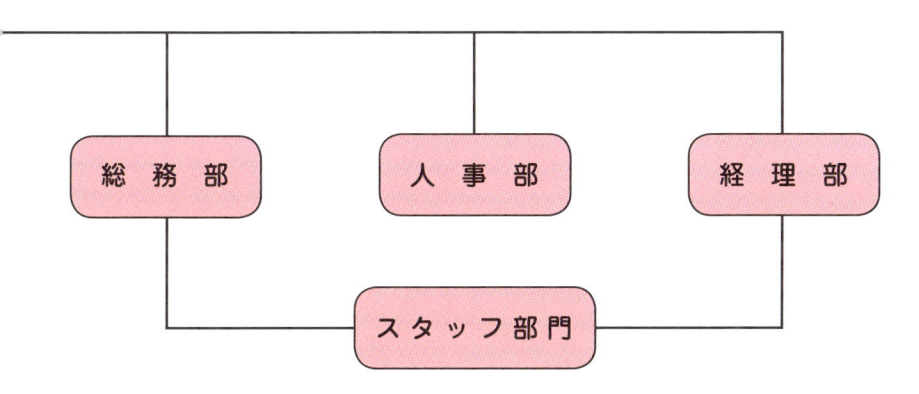

総務部は，株主総会などの公式行事の実施運営，用度品（事務用品など）の調達，管理などの業務を担当している。

人事部は，社員の採用，社員教育，配属，異動，人事考課，福利厚生，給与，賞与，退職金の計算などの業務を担当している。

経理部は，取引先への売上代金の請求，回収事務，仕入れ代金の支払い，各部門からの経費その他の精算，給与の支払い，法人税等の計算と支払いなどの業務を担当している。

活動，営業活動が心置きなくできるようになるからです。その意味でこの部門は，**秘書的な役割**を果たしているともいえるでしょう。

> ＊利益の追求を側面から援助（サポート）する役割を持つこのセクションは，間接部門（スタッフ）とも呼ばれている。
>
> ＊秘書的センスが問われる部門でもある。秘書的業務の処理能力（機能）である。

そして**選択肢5)**。会社には，社長，専務，常務，部長などの序列があります。そしてこの地位は，それぞれ責任の重さに比例します。上に行けば行くほど責任は重くなるというわけです。そう，上司の言葉の一つ一つには，重い責任がその背景にあるということです。このことを念頭に上司の指示をきちんと聞く必要があるでしょう。その意味でいうと，地位の高さは偉さの象徴ではなく，**責任ある立場の象徴**であるといえるかもしれません。

なお，**選択肢4)**は「事例解説」の冒頭で解説した通りです。あらためて確認しておいてください。各部門がそれぞれ与えられた役割を全うすることによって，企業利益を効率よく確保できるということです。

要点整理　the main point

▶ 経営に関する初歩的な知識がある

1 会社の組織を知る

　会社は利益を追求する事業体です。でもこのとき会社は，社会規範（ルールとマナー）に反することなく，公正・公平をモットーに事業活動をしています。**コンプライアンス（法令順守）**です。この企業精神が適正な利益の確保と会社の存続につながっていくと考えているからです。

　そして，会社が存続すれば，**「社会を発展させ、経済を成長させる原動力」**（望月護著『ドラッカーと福沢諭吉』祥伝社）になります。これで**社会的責任**を果たすこともできるでしょう。そう，これが利益追求の第一義です。

> ＊ドラッカーもこう語る。「利益は［企業にとって］存続の条件である。利益は［未来の費用］つまり事業を継続する費用なのである」と。
>
> †Ｐ．Ｆ．ドラッカー著／野田一夫，村上恒夫監訳『マネジメント（上）』（ダイヤモンド社）による。

　　　　＊企業の社会的責任とは，企業が経済社会の担い手として，社会に対し果
　　　たさなければならない責務のこと。法令順守，納税の義務を果たす責
　　　任，社会貢献活動などがある。

　この企業の姿勢(コンセプト)が各部門に徹底され，それぞれの部門の担当者は与えられた役割の中で仕事をしているわけです。その統括責任者が部長です。そしてこの部長を手助けするのが秘書の役割ですから，会社の仕組みは確実に理解しておかなければならないでしょう。それも，自分の知識吸収ではなく，あくまでも**上司の仕事を効率よく手助けするために**。これが第一です。出題の意図もここにあります。

　　　　＊もちろん，自己啓発のために経営の知識を学ぶことは大切である。でも
　　　秘書は上司のアシストなのだから，経営の知識を学ぶ根幹は，まずは上
　　　司のためにあると考えた方がよいだろう。

2 上司の経営に対する深い思いを知る

　ところで秘書(ビジネスパーソン)として，会社の仕組みを知るだけで十分でしょうか。そうではないでしょう。**上司の経営に対する考え方・姿勢**を理解していなければ，仕事に深み（幅）が出てこない。これだけでは不十分なのです。

　では，上司の考えを深く理解するための方法には，どのようなことがあるでしょうか。こんな言葉(アドバイス)があります。「**経営者の読む本を読め**」（糸井重里監修『はたらきたい。』（東京糸井重里事務所））と。

　でも，それは何故か。「経営者の読む本を」読み，ここから**経営者（上司）のマネジメントに対する深い思い**を知るためです。そしてその思いを知るための本。幾つかあるでしょうが，その中の一つに，いわゆる「ドラッカー本」があります。なぜドラッカーか。多くの経営者が読んでいる本だからです。

　　　　＊例えば，その中の一人にユニクロの創業者柳井さんがいる。その柳井さ
　　　ん，『柳井正 わがドラッカー流経営論』（ＮＨＫ出版）という本を著して
　　　いる。
　　　　＊もちろん，ドラッカーに限らない。『ジェームズ・Ｃ・コリンズとジェ
　　　リー・Ｉ・ポラス著／山岡洋一訳による『ビジョナリーカンパニー』（日
　　　経ＢＰ出版センター）など多数ある。

3 上司の思いはどこにあるのかを知る

　ではドラッカーの本から，経営者（上司）の思いがどこにあるのかをイメージしてみましょう。

■知的な優秀性を、人間としての誠実さよりも高く評価することはない。
■身につけていなければならない資質が一つだけある。それは天賦の才ではない。人柄である。
　　　　　（P.F.ドラッカー著『マネジメント（下）』ダイヤモンド社）

　恐らく，多くの経営者はこのようなドラッカーの言葉に強い共感(シンパシー)を覚えるのではないでしょうか。この言葉の根底には，経営(マネジメント)として最も重要な「人間の心への信奉」（P.F.ドラッカー著『すでに起こった未来』ダイヤモンド社）があるからです。

　言うまでもなく，会社の組織を構成しているのはこの「個としての人(パーソナリティー)」です。その一人一人の社員(スタッフ)を信じていかなければ事業は成り立たないし，発展させることもできません。このことを経営者（上司）はよく知っているのです。

　　　＊「『人とともに生きていく』という考え方が、社会の土台にならなければなりません」（姜尚中(カンサンジュン)著『心の力』集英社新書）ということだ。

　そして秘書であるあなたは，この経営者の思いをきちんと理解し，**真摯で誠実な人柄**の秘書になるべく努力（行動）していかなければならないでしょう。**期待されている**のです。

　秘書に限らず，全てのビジネスパーソンは，これを実践することによって確実に仕事に深みが出てきます。そう，経営の根幹を知ることによって。

　　　＊「ドラッカーの関心の中心には、常に人がいる」（上田惇生著『ドラッカー入門』ダイヤモンド社）からである。そして多くの経営者もまず「人」を考えている。資生堂名誉会長の福原義春さんもその一人である。（『福原義春の講演』慶應義塾大学出版会）。

　　　＊稲盛和夫さん（京セラ創業者）は、日本航空（JAL）の再建請負人として会長に就任し、見事にその任を果たした。そんな稲盛さんが、「日経スペシャル カンブリア宮殿」（テレビ東京）に出演したときのこと。司会の村上龍さんが「後継者として植木吉晴さんを社長に指名したが、その最大の理由は何か」と尋ねた。そのときの稲盛さんの答えは「誠実な人柄だから」というものであった。

　　　†テレビ東京「カンブリア宮殿」平成24年6月28日（放送300回記念）。

●一般知識

> ● 出題の視点

検定問題では事例研究①のほか,経営に関する知識として,基本的な用語を中心に出題されています。確認しておきましょう。

①**会社組織に関する用語**

◆「代表取締役」とは,取締役の一員で会社を代表する権限のある役職のこと。

◆「取締役」とは,いわゆる役員(重役)のことで,代表取締役,取締役がその役職である。会社経営の意思決定をする取締役会の一員。

＊代表取締役社長(会長),専務取締役,常務取締役など。

＊「取締役会」とは,会社経営の意思決定をする機関のこと。「株主総会」は,この取締役会によって招集され,取締役,監査役の選任など,株式会社に関する全ての事項がここで決議される。株主総会が株式会社の最高意思決定機関といわれるゆえんである。

◆「監査役」とは,その会社の会計や業務を監督し,検査をする役職のこと。

◆「専務」とは,社長の仕事を助ける役目の人のこと。

◆「常務」とは,日常的な業務を行い,社長を補佐する役目の人のこと。

②**人事に関する用語(人事部)**

◆昇　進　　　　　＝　上位の地位に変わること。
◆降　格　　　　　＝　等級や地位などが下がること。

＊組織においては,一般職から管理職に至るまで,勤続年数や経験,見識,職能(技能)などによって細かく「等級」が定められている。等級とは,いわばビジネス社会における番付(格付け)である。一般職である新入社員(初級係員)は,まず1等級という職位に位置付けられるのが普通。これを相撲界に例えてみると,新入社員は,初めて番付表に載る「序の口力士」みたいなもの。

◆転　任　　　　　＝　勤務地や職務が変わること。
◆異　動　　　　　＝　地位や職務,勤務地などが変わること。

＊「移動」とは書かない。「人事部から営業部へ異動になる」などと使う。人事異動。

93

◆出　向　　　　　　　　　＝　会社の命令で籍を変えずに他の会社で働くこと。出向社員。

◆辞　令　　　　　　　　　＝　役目などをさせたり，辞めさせたりすることを書いた文書のこと。

＊採用辞令，出向辞令，転勤辞令などがある。なお，公表する前に，関係者だけに内々に知らせることを「内示（ないじ）」という。

◆栄　転　　　　　　　　　＝　今までよりも高い地位（役職）になって転任すること。

＊「転任」とは，勤務地や職務が変わること。ちなみに転勤は，勤務地が変わること。

◆考　課　　　　　　　　　＝　社員などの勤務成績を査定すること。

＊「査定」とは，働きぶりなどを調べて評価を決めること。人事考課。

◆厚　生　　　　　　　　　＝　社員の生活環境などを整えること。

＊具体的には，社宅や社員食堂，社内託児所などの整備，定期健診などである。福利厚生。

③営業・販売に関する用語（営業部）

◆マーケティング　　　　　＝　商品が，生産者から消費者の手に渡るまでの一切の企業活動。

＊市場調査，製品計画，宣伝計画，販売活動など，一連の活動がマーケティング活動である。

◆マーケティングリサーチ　＝　市場調査
◆マーチャンダイジング　　＝　商品（製品）化計画
◆マーケットシェア　　　　＝　市場占有率
◆ダイレクトメール　　　　＝　宛て名広告。DM
◆コンシューマー　　　　　＝　消費者
◆セールスプロモーション　＝　販売促進
◆アドバタイジング　　　　＝　広告活動
◆アウトソーシング　　　　＝　会社の仕事の一部を外部（他の会社）に委託（発注）すること。外注。
◆割　増　金　　　　　　　＝　一定の金額にある割合を加えた金額のこと。

＊この反対の言葉が「割引」である。

◆手付金　　　　　＝　契約を実行する保証として前もって渡す金額のこと。
◆補助金　　　　　＝　事業の助成や経費の不足を補うために出す金額のこと。
　　＊助成とは，支援，援助すること。
◆分担金　　　　　＝　参加する人が分けて負担する金額のこと。

④財務・税務に関する用語（経理部）

◆財務諸表　　　　＝　企業の一定期間の営業成績と財政状態を，利害関係者に明らかにするために作る書類の総称。貸借対照表，損益計算書などがある。
◆貸借対照表　　　＝　一定期日での企業の資産・負債・資本の内容が分かるようにまとめて一覧表にしたもの。なお「資本」は，会社法では「純資産」という。
◆損益計算書　　　＝　一定期間の事業活動でどの程度の利益が出たか，または損失が出たかなどを計算したもの。
◆法人税　　　　　＝　会社の所得に対して課せられる税金（国税）のこと。
◆繰越金　　　　　＝　次の年度に繰り越しになった剰余金または欠損金のこと。
◆原価　　　　　　＝　製品を造るのに掛かった費用，または仕入値のこと。コスト。
◆債権　　　　　　＝　貸した金銭などを返してもらう権利。
◆債務　　　　　　＝　借金を返さなければならない義務。
◆抵当　　　　　　＝　借金を返せないときのために差し出す品物や権利のこと。
◆有価証券　　　　＝　手形・小切手・株券・債券・商品券・郵便切手などのこと。
◆約束手形　　　　＝　一定期日に一定金額を，名宛て人に

支払うことを約束した証券のこと。
＊手形を受け取った人が，その裏面に署名・捺印することを裏書きという。

◆小切手 ＝ 一定金額を，持参人に支払うことを銀行に委託する証券のこと。

◆株　券 ＝ 株主としての権利を表す証券のこと。
＊株券は「紙のお札」と言われることもあるようだが，平成21年からは株券の電子化も実施されている（金融庁）。

◆債　券 ＝ 国や地方公共団体，企業などが資金の調達のために発行する証券のこと。国債，地方債，社債などがこれに当たる。

◆当座預金 ＝ 預金者が必要に応じ，いつでも小切手を振り出して引き出せる無利子の預金。

◆増　益 ＝ 利益が増えること。

◆増　産 ＝ 生産量を増やすこと。

◆増　配 ＝ 配当金の金額を増やすこと。
＊配当金とは，会社が株主に分配する金額のこと。

◆減　資 ＝ 株式会社が資本金を減らすこと。

◆増　資 ＝ 会社が新しく株を発行して資本金を増やすこと。

◆年　利 ＝ １年を単位にした利率のこと。

Column

経営者の思いⅠ

人を支える会社

　中村ブレイスは，石見銀山（島根県大田市）の麓にある義肢装具の会社です。社長は中村俊郎さん。26歳のとき，たった一人で創業し，苦労の末今日の会社を築き上げた人です。

　　　＊「ブレイス」とは，「支える」という意味。会社の理念が伝わる社名である。

　そんな中村ブレイスを紹介したのが坂本光司さん（法政大学大学院教授）です。それを，『日本でいちばん大切にしたい会社』（あさ出版）から見てみましょう。

大都市から就職しにくる若者たち

　閑散とした土地柄ですから、社内に入るとびっくりします。なぜなら、若い社員がたくさんいて、みんな一生懸命に働いているのです。重ね重ねで失礼ですが、「こんなところへいったいどこから若者たちが集まってくるんだろう」と不思議でなりませんでした。

　中村ブレイスでは、耳や鼻、指や腕、脚、さらには女性の乳房などの義肢装具を取り扱っています。

　工場に入ると、社員の方々が泥だらけ、汗だらけになって、粘土みたいなもので義手や義足などをつくっているのです。悪く言えば、典型的な3K職場。きれいな若い女性が轆轤を回して、泥だらけになって働いています。

　「きれいな」と言いましたが、男性も非常にいい顔をしています。それは、「私たちの仕事が世のため、人のために役立っている」という自負、満足に満ち満ちているからなのでしょう。社員の多くが、大阪や東京といった大都市からわざわざ就職しに来るという会社が中村ブレイスなのです。

（中略）

両足をなくしたモンゴルの少年の手助けを

　平成8年（1996）、モンゴルで大火災が発生。放牧していた羊を助けるために火を消そうとした少年が逃げ遅れ、両足を付け根から切断しなければならなくなりました。人を介してそのことを知った中村さんは、全面的な協力

を申し出ます。

　しかし、モンゴル人は遊牧民族ですから、あちこち移動しているためなかなかつかまらず、探すのにずいぶん時間がかかったそうです。それでも国営新聞の協力などもあって、とうとう捜し当てました。

　中村さんは、その子と父親の渡航費用から滞在費をすべて中村ブレイスで持つから、と言って、会社ぐるみで彼を迎えるのです。

　義肢というのは、きちんと使いこなせるようになるまで、非常に時間がかかります。しかも成長期の子どもですから、成長に合わせながら調整しないといけません。何年がかりの大仕事です。それを社員総がかりでやり続けていくということは、よほど心が一つになっていなければできないことでしょう。

　このことからも、中村ブレイスという会社の性格がわかると思います。

「あなたの席を空けて待っています」

　中学生のときに事故で片足を失ってしまった女の子がいました。その女の子の足をつくってあげたのが中村ブレイスです。

　足を失くしてしまい、さらに義足だということで、その子はいじめにあったりして、自暴自棄になってしまいました。

　高校に進学しても友だちもできません。思いつめた彼女は「私のような人はこれからもっと出てくるでしょう。私も、そんな人たちのために足をつくってあげたいので、私を就職させてください。高校にはもう行きたくありません」と中村さんに言ってきたそうです。

　中村さんは「それはダメです」と断りました。「最低でも高校は卒業してください。できれば大学も行ったほうがいいでしょう」と言うのです。

　しかしそれは、断っているのではないのです。そこでたくさん経験をしなさい、いろいろな人と出会いなさいと言っているのです。

　「そして、そのときに、まだ中村ブレイスで働きたいと思うのであれば、私たちは待っています……。あなたの席を空けて待っています……」と。

　結果的にその子は、五、六年後に中村ブレイスに入社したそうです。私が行ったときも、その子は働いていました。私には、その子が義足だということがわかりませんでした。そのくらい、きびきびと働いていたのです。

（坂本光司著『日本でいちばん大切にしたい会社』あさ出版）

　いかがでしょうか。

中村さんの**「人の助けになりたい」**という**信念**は，全社員の**「熱い使命感」**になって表れています。経営者（会社）の理念をきちんと受け止め，真摯に誠実に仕事に取り組んでいるのです。
　経営者の思いを知り，その実現（社会貢献）のために働く。このことこそが，何より重要だということなのでしょう。もちろん業種に関係なく。そしてこれが**仕事をする心の原点**になるでしょう。

　　　　　　＊中村ブレイスについては，『コンビニもない町の義肢メーカーに届く感謝の手紙』（中村俊郎著，日本文芸社）や『500人の町で生まれた世界企業』（千葉望著，ランダムハウス講談社），『世界から感謝の手紙が届く会社』（千葉望著，新潮文庫）などでも紹介されている。

Column

経営者の思いⅡ

社会貢献と福祉事業

　カレーハウスCoCo壱番屋の創業者，宗次徳二さんの話です。その言葉に耳を傾けてみましょう。

　壱番屋の場合、福祉施設への寄付は以前から続けており、そのきっかけは開業して3年目を迎えた昭和55（1980）年の暮れ、まだ手元の運転資金が不足がちで、自転車操業でやりくりしていたころのことだった。

　年を越すため70万円が足りないとき、妻の交渉力がものをいい、取引実績のない金融機関から100万円を借りることができた。そこで、うち70万円を支払いに回し、10万円は自宅のあるエリアの社会福祉協議会に、10万円は「CoCo壱番屋」1号店のある町の社会福祉協議会にそれぞれ寄付し、残り10万円で年を越したのである。

　いまでも年の瀬になるとそのときのことを思い出す。経営は苦しかったが、世の中には自分たちよりもっと苦しみ、困っている人たちがいる。こうして元気に仕事ができるだけでも幸せと感謝し、わずかな金額でも福祉に役立ててもらおうと考えたのだ。

　　＊「壱番屋では平成17（2005）年6月から、年間で得た経常利益の1パーセントの金額をめどにチャリティーに使うと内規で決めてある。たとえば前期（09年5月期）であれば、約3200万円を困っている人たちのために使おうというわけだ。／最近の予算支出例を挙げると、『あしなが育英会』への寄付や、地元福祉団体主催によるイベントやバザーでのカレー売上金の寄付、福祉団体や被災先へのカレー提供などがあり、そのほか直営店の店頭にはあしなが育英会の募金箱を設置し、お客様に呼びかけご協力いただいた寄付金を会社からの寄付金とは別に届けている」。

　　　　　　　（宗次徳冶二著『日本一の変人経営者』ダイヤモンド社）

　そして宗次さんはこう語ります。「そもそも会社というものは、地域や多くの人々のおかげで経済活動をさせていただけるのだから、社会の

弱者を救済するやさしい気持ちがなければよい経営はできない」と。
　　　　秘　書（ビジネスーパーソン）として，この経営者の言葉（社会貢献の意義）を真摯に受け止めることができれば，仕事で何をするべきか，おのずと分かってくるでしょう。
　　　　　　＊もちろんこれは，サービス業に限った話ではない。全ての企業の根底にある基本姿勢である。

第 IV 章

マナー・接遇

1. 人間関係
2. マナー
3. 話し方，接遇
4. 交際の業務

1 人間関係

> 1 人間関係について初歩的な知識がある。

1 人間関係について初歩的な知識がある

　周りの人とよい人間関係を保ちながら仕事をするための基本，それは何事にも謙虚で，控えめな態度にあるといってもよいでしょう。

　そしてこれはとても大切な心構えです。この根っこには相手に対するリスペクトがあるからです。

　では，周囲への配慮，気遣い，そして謙虚さについてのケーススタディーを見ていきましょう。

事例研究① 人間関係について初歩的な知識がある　case study

**　次は秘書A子が，周りの人とよい人間関係を保ちながら仕事をするために心掛けていることである。中から不適当と思われるものを一つ選びなさい。**

1) 誰に対しても，出会ったときは自分から明るくあいさつするようにしている。
2) 誰かと行動するときには，なるべくその人のペースに合わせるようにしている。
3) ミスを見つけ，誰のミスかが分かっていても，気付かないふりをするようにしている。
4) 皆とのおしゃべりで，誰かが話をしているときには，口を挟まないようにしている。
5) 相手が誰でも，その人のよいところを見るようにし，陰口などは利かないようにしている。

事例解説　instructions

　人間関係を良好なものにするための基本心得の事例です。
　さて，**不適当な選択肢は3)** になりますが，いかがでしょうか。
　では，この選択肢のどこに問題があるのでしょうか。検討してみましょう。

●マナー・接遇●

　言うまでもないことですが，A子は仕事をするために会社にいます。そしてミスは仕事のやり損ないです。果たして，そのままにしてよいのでしょうか。周りの人との人間関係は，**仕事あっての人間関係**です。ミスに気が付いて知らぬふりをすることは，仕事をしていることにはならないでしょう。人間関係のためには，お互いに注意できる関係が必要であるということです。もちろん，ビジネスパーソンとして間違いなく，そして効率よく仕事を進めていくために。

　それでは，ここで適切な選択肢から人間関係の基本を見ておきましょう。

　選択肢1)は，もう言うまでもないことでしょう。**あいさつは人間関係における基本中の基本**です。「こんにちは」と言われたら，「こんにちは」と明るく応えることです。ここから人間関係は始まります。

> ＊挨拶の「挨」は，心を込めて語り掛けること。「拶」は，心から共感して応じること。かつてはこれを「一挨一拶」（佐橋法龍著『禅語小辞典』春秋社）といっていたそうだ。

> ＊「今日はちょっと寒いね」とあいさつをされたとき，「あらそう，そんなことないんじゃないの」などと応える人がいる。その人にとってはそうかもしれないが，相手の思いを受け入れ，それに合わせる心こそが大切である。

>> †俵万智さんの短歌に「『寒いね』と話しかければ『寒いね』と答える人のいるあたたかさ」（『サラダ記念日』河出書房新社）というものが，また斎藤緑雨（明治時代の評論家）の言葉に「寒い晩だな，寒い晩です。妻のナグサメとは，正に斯の如きもの也」（『明治の文学15　斎藤緑雨』筑摩書房）というものがあった。

　ところで職場にはいろいろな人がいます。「石橋を叩いて渡る」タイプの人。いつでもフットワークも軽やかに行動する人。いやはや，とにかくさまざまです。そしてここで重要なこと。それは，相手の行動の仕方を理解し尊重する態度です。すると相手の行動に合わせるようになります。**協調性**です。そう，その事例が**選択肢2)**です。これで周りの人とよい人間関係を保ちながら仕事をしていくこともできるでしょう。自己中心に陥らずに。

　さて**選択肢4)**ですが，どうでしょうか。普段からこのことを気にしておしゃべりをしているでしょうか。

　例えば，「昨日，ＢＳのテレビで『ローマの休日』を見たの。それでね」

と話を続けようとした途端，横から「そうそう，スペイン広場の階段で食べていたジェラート，おいしそうだったわね。でも本当はあそこでの飲食は禁止なんだって。それはともかく，今度，みんなで食べに行かない。私，いいお店知ってんだ」などと口を挟んでしまうケース。

これはいけませんね。だってまだ話が終わっていないのですから。そして何よりもいけないのは，話し手のことはお構いなしの態度です。どうしても自分が話の中心にいたいのでしょうが，雑談であれ，おしゃべりであれ，**人の話は謙虚さを持ってきちんと聞く**。そういうことでしょう。

> ＊言うまでもなく秘書は慎み深くしていなければならない。秘書の大切な資質の一つであり，役割でもあるからだ。もちろん，おしゃべりだろうが会議の場であろうが関係ない。

そして**選択肢5）**です。「**その人のよいところを見るようにし，陰口は利かないようにする**」は，良好な人間関係を築く上でなくてはならない**大切な心得**でしょう。私たちはともすると，人をネガティブに見て批評したり，あら探しをしたりすることもあるからです。そう，自己顕示が見え隠れするのです。

人のよさを見つけたら，素直にその能力(センス)を評価する。そして一人一人の心を大切にし，積極的に肯定することです。でなければ，ゲーテに「**すぐれたものを認めないことこそ、即ち(すなわち)野蛮だ**」（高橋健二編訳『ゲーテ格言集』新潮文庫）と叱られてしまうことでしょう。

要点整理　　　　　　　　　　　　　　　　　　　the main point

▶人間関係について初歩的な知識がある

1 職場の人間関係

例えば，仕事で同僚のミスを見つけたとき，あなたならどう対処するでしょうか。同僚との人間関係を気にして注意することをためらったりすることはないでしょうか。でもこれは，極めて個人的な感情で，決して褒められた話ではないのです。

職場での人間関係は，**個人的(プライベート)な関係より公的(オフィシャル)な関係を優先**します。公的な関係とは，社員として共に仕事をする関係にあること，その仕事には高い完成度が求められているということです。従ってミスを放置してお

ては仕事をしたことにはならないし，完成度の高い仕事など望むべくもないでしょう。何より社員としての義務を果たしていないことになります。ここはビジネスパーソンとして，きちんと注意すべきでしょう。周りも迷惑します。

でもそのためには，普段から何でも言い合える大人の関係を築くように努めていかなければなりません。毎日のあいさつもそう，周囲の人への配慮と気遣いもそう，そして人の陰口は決して叩かないことなどもそうでしょう。全て大切なことばかりです。出題の意図もここにあります。

2 言葉と人間関係

良好な人間関係を築くための基本，それは何といっても**明るいあいさつ**です。これがなくては一日が始まりません。そして秘書は，いつもこのことを心掛けコミュニケーションを図っています。

ところでこんな話があります。「グッド・モーニング」という朝のあいさつが，落ち込んでいた人を救ったという話です。

> 深刻な病を経験し、手術後、社会との交わりを制限するようになった、ある女性から聞いた話である。彼女がふさぎがちになったのは、体力に自信がないということもあったが、本当の理由が別のところにあることは、彼女自身にも分かっていた。存在の重みを見失っていたのである。
>
> 仕事で海外へ行ったある朝、彼女が街並みを見ながら散歩をしていたときだった。ビルの二階あたりの窓を外側からふいている男性が、彼女に向かって「グッド・モーニング」と笑顔で挨拶をした。驚きながら、彼女も挨拶を返す。
>
> あのときほど、心に沁みる言葉に出会ったことはないと、彼女はその経験の不思議さを噛みしめるように話してくれた。その語り方は最晩年に至っても変わらなかった。男性はただ、眼下を通り過ぎる外国人に挨拶をしただけである。彼はそのときのことなど、覚えてさえいないだろう。だが、その「言葉」は、「絶望の底にある人を救」ったのである。
>
> （若松英輔著『池田晶子 不滅の哲学』トランスビュー）

彼女を見掛けたから，そして彼女がそこにいたから「グッド・モーニング」とあいさつをしました。そう，**心から相手の存在を認める**かのように。

＊時にあいさつは，あいさつ以上のことを相手に伝える。言葉の力である。

　いかがですか。これがあいさつの本当の意味です。決して，「向こうは気が付いていないみたいだから，私からあいさつをするのはやめておこうっと」などと考えてはいけないということです。互いにその立場を認めてあいさつをする。それが**一挨一拶**です。

3 良好な人間関係を築くための出発点

　さて，「事例研究①」と「事例解説」を読んでどうだったでしょうか。このことを確実に実践していれば，大きなトラブルを招くこともないでしょう。そしてここで重要なこと。それは**「忌むべきものの第一は／己が己がと言う心」**（『吉野弘全詩集（新装版）』青土社）を戒めの言葉として強く持つことでしょう。すると**謙虚な心**も芽生えます。

　こんな話があります。

> 　哲学者デカルトの＜我思う、ゆえに我あり＞。それをもじって、＜我を去る。ゆえに我あり＞。英文学者の外山滋比古さんがある随筆に綴った言葉である◆目立とうとせず、自己主張を控え、周囲の景色に溶け込むことで逆に、その人の存在感が重みを増す…という意味だろう。
>
> 　　　　（「読売新聞」平成26年3月26日付朝刊コラム＜編集手帳＞）

　どうですか。これこそ，**秘書のあるべき基本的な態度**ではないでしょうか。そして，これが良好な人間関係を築くための基本になるでしょう。日々の仕事は共同作業ですから，なおさらです。

▶ 出題の視点

　検定問題では事例研究①に見られるように，「**人間関係の基本**」（コミュニケーション）を中心に出題されています。なお，ここで，周りの人とよい人間関係を保つためにしてはいけない心得の幾つかを紹介しておきます。このことを念頭に置きながら検定問題に取り組んでいくとよいでしょう。良寛戒語からのものです。

> ■良寛さんの戒めの言葉
>
> 　口数が多いこと。／わきからの口出し。／人の話を途中でさえぎる。／いい損ないや聞きまちがいを取り上げて非難すること。／人のことばを聞きわけもしないで受け答えする。／その事がまだ終わらな

> いうちに別のことを言う。／自分に関することを誇る話。／憎まれ口。負けおしみ。／人を見下げること。／その他
> 　　　　　　　（谷川敏朗著『良寛の愛語・戒語』考古堂書店）

これ全てエゴセントリックな事例です。

　＊ちなみに「愛語」とは、「相手をやさしく思いやることば」と上掲書にある。ここで良寛は「お変わりありませんか」「お大事に」などの言葉を挙げている。

Column

人の心が分かるということ

会社を辞めたい

　同期入社の同僚から，「もう会社を辞めたい」と言われたとき，さてあなたなら，どう対応するでしょうか。
　こんなケースがありました。紹介しましょう。大久保寛司さん（人と経営研究所所長）の話です。タイトルは**「寄り添う」**です。

彼女は会社を辞めたくなった。
仕事がいやだから　職場が好きでないから
そんな理由ではない。

自分の能力が　技術が低いから
周りの人仲間に迷惑をかけるから
だから辞めたいと

同期の仲間が
食事をしながらずっと話を聴いてくれた
職場の先輩たちが　心配してやって来た
先輩たちは何も聞かず　食事をして帰った

同期の彼女は　部屋までついて来た
一晩中　何も話さず
ただ黙って彼女の横にいた

朝になった
彼女は思った
「私はこの職場にいてもいいんだ」

苦しんでいる人　悩んでいる人の心に
アドバイスは届くだろうか

辞める理由を聞き　それを解決しても
きっと心は変わらなかったろう

何も聞かず　ただ寄り添うことの大切さを　教えられた
　　　　　　　　　　　（大久保寛司著『考えてみる』文屋）

　　いかがでしょうか。
　「辞めたい」と言っていた彼女は「私はこの職場にいてもいいんだ」と思うようになりました。自分を否定的にみる考え方がなくなり，肯定的な心も芽生えました。**「私という存在を認めてもらえた」**との感謝の思いからでしょう。

　「相手の存在を認める（尊重する）」ということは，良好な人間関係を築いていく上で，とても大切な**ヒューマンスキル**です。これによって互いの立場，考え方を認め合う良好な関係になっていくからです。そしてこれが**互いの心を分かり合える出発点（スタートライン）**になっていくでしょう。

　　　　＊ただ寄り添っていただけの彼女には，慎み深さ（慎みの情（こころ））がある。だからこそ，無私の態度で寄り添うことができたのだろう。もちろん，これはなかなかできることではない。が，この心を知ることこそ，良好な人間関係を築いていく上での基本（出発点）になる。
　　　　†島田修二さんの『歌集 青夏』（胡桃書舘）に，「肩を落し去りゆく選手を見守りぬわが精神の遠景として」という歌があった。この歌人の優しく見守るまなざしは，寄り添っていただけの彼女と同じものだ。
　　　　＊そして寄り添うには，「『咲くものは咲く。まだなものはまだ。』／なんでも横並びになることはないんだよね。／『咲くものは，咲く。まだなものは，まだ。』なんだ。」（糸井重里著『ぽてんしゃる。』東京糸井重里事務所）という優しい心（感性（センス））も必要だ。

2 マナー

> 1 ビジネスマナー，一般的なマナーを心得ている。

1 ビジネスマナー，一般的なマナーを心得ている

　良好な人間関係をつくり上げていくための基本，それは相手を**思いやる心，気遣いの心**です。この気遣う心が形に表れたもの，それが**マナー**です。そして，ビジネスマナーも一般的なマナーも，その基本スタイルは同じ。**周りの人に不快な思いをさせない**ということがその根底にあります。

　なお，ここでいう一般的なマナーとは，公共の場でのマナーや交際場面でのマナーと考えておいてよいでしょう。

　また，ビジネスマナーとしては，来訪者の受け付けや取り次ぎ，案内など，多様な場面があります。

　では，マナーの第一，あいさつの仕方から見てみましょう。相手に敬意を表すあいさつとはどういうことか，そのケーススタディーです。

事例研究① ビジネスマナー，一般的なマナーを心得ている　case study

　秘書A子は他部署の課長から，「新人のB子が書類を届けに来たとき，あいさつもせずに部屋に入り私の机の上に書類を黙って置いていった。注意をしておいた方がよい」と言われた。このような場合A子はB子にどのように注意するのがよいか。次の中から適当と思われるものを一つ選びなさい。

1) 部屋に入るときは「失礼します」と言って入り，書類を渡すときも「失礼します」と言うものだ。
2) 部屋に入るときは「失礼します」と言って入り，書類を渡すとき「書類をお届けに参りました」と言うものだ。
3) 部屋に入るときは「書類をお届けに参りました」と言って入り，書類を渡すとき「こちらです」と言うものだ。
4) 部屋のドアを開けて，書類を渡す相手がいたらそのまま入り，書類を渡すとき「お届け物です」と言って渡すものだ。
5) 部屋に入るときは「失礼します」と言って入り，「ただ今よろしいで

しょうか」と言って，よいと言われたら渡すものだ。

> 事例解説　　　　　　　　　　　　　　　　instructions

適当な選択肢は2) になりますが，さてどうでしょうか。

部屋へ入るときや人の前を通るときなどには，相手に敬意を表して「失礼します」と言います。書類を渡すときは目的がはっきりしているのだから，ここは**書類を届けにきたということを丁寧に言って渡す**のがよいでしょう。

> ＊ところで，秘書A子が選択肢2)のように行動したとする。このとき他部署の課員が，「あら，A子じゃない。あんなこと言わないで，そのまま入ってくればいいのに。私たちみんなA子のこと知っているのに」と言ったとしよう。これはいけない。敬意を表す意味が分かっていないからだ（選択肢4)のケース）。でもここが，一般の社員と違うところかもしれない。秘書から学ぶべきことは多い。

では，不適当な選択肢は，どこに問題があるのでしょうか。検討してみましょう。

まず**選択肢1)**。書類を渡すとき「失礼します」と言うのは構わないでしょうが，この後，書類を渡しに来たということを言っていませんね。ここは何をしに来たのか，課長にはっきりと伝えなければなりません。これが仕事です。

選択肢3) はどうか。事務室内には課長だけがいるわけではない。当然のことながら課員もいる。このようなとき，「書類をお届けにまいりました」では，誰に向かって言っているのか分からない。ここは，選択肢2)のように，きちんと手順を踏んで丁寧に対処していくべきでしょう。

> ＊部長室に入る場合だったら，「失礼します。書類をお届けにまいりました」と言って，「こちらです」と言うことも可能だが，選択肢3)のケースには当てはまらない。これはただ横着なだけ。相手に敬意を表すとは，一つ一つを丁寧にする必要があるからだ。

選択肢4) はマナー知らずと言われても仕方がない闖入者（ちんにゅうしゃ）のケースです。いくら会社内とはいえ，他部署の事務室に入るときは，「失礼します」と言わなくてはならない。これが礼儀というもの。実際，日常生活でもそうでしょう。これが一般的なマナーの心得です。

> ＊このようなケースはよく見掛ける。特に会社の仕事に慣れてくると，つ

い，こうなる。でも，会社の仕事は，礼儀（ビジネスマナー）の上に成り立っているということを忘れてはならない。なお，書類はお届け物ではない。そしてこれは言葉遣いの問題。

そして**選択肢5）**。これは「ただ今よろしいでしょうか」という言い方が問題でしょう。この言葉は上司に時間をつくってもらいたいときなどに使う言葉遣いです。「一つ，ご報告がございますが，ただ今お時間よろしいでしょうか」などのように。そしてこれも言葉遣いの問題。

要点整理　the main point

> ▶ ビジネスマナー，一般的なマナーを心得ている

1 敬意を表すということ

敬意を表すには，どのような言葉遣い，態度振る舞いになるのでしょうか。このことについて，選択肢2）を基準に，少し詳しく見てみましょう。例えばこうです。

①部屋に入るとき，「失礼（いた）します」と言って**一礼**し，
②課長席に行く途中で課員と擦れ違ったら，「失礼します」と言って**一礼**する。
③課長席の前で**一礼**し，その状態（前傾姿勢）のまま「（失礼します。）書類をお届けにまいりました」と言って書類を**両手**で渡す。
④書類を渡したら「失礼します」と言って**一礼**し，その場を去る。
⑤部屋を出るときは，皆に「失礼します」と言って，**一礼**し退室する。
　＊選択肢2）は，上記①から⑤までの概略（サマリー）である。

いかがでしょうか。これが相手に敬意を表した対応の仕方です。そしてここから，丁寧な対応をイメージしてください。言葉遣いとお辞儀のビジネスマナーです。出題の意図もここにあります。プロセス

■マナーにかなった「失礼いたします」の使い方いろいろ
❖前を歩いていた他部署の部長を追い越したとき（もちろんこれは部長に限らない）。
❖他部署の秘書が客を案内している前を横切るとき。
❖来客にお茶を出すとき。
❖帰る客を見送るお辞儀をしたとき。

●マナー・接遇

❖電話で最後に相手が「失礼します」と言ったとき。
❖上司が座っている机の前を，用があって通ったとき。
❖上司に呼ばれて上司机の前に立ったとき。
❖乗ったエレベーターに，見知らぬ人が乗っていたとき。

２ ビジネスマナーと一般的なマナー

　ところで来客を案内して階段を上るとき，あなたなら，来客の前を歩いて行きますか。それとも来客の後を歩いて行きますか。さて，どうでしょうか。

　　原則は「お客様が先、案内人が後」。これは、お客様のほうを常に高い位置に、という考え方からです。ただし、階段で後ろからついてこられるのを嫌う方もいらっしゃいます。また、お客様が先を歩くとき、勝手のわからない場所では戸惑いや不安もつきまといますね。
　　したがって、「お先に失礼します。どうぞお足元にお気をつけください」とお断りのひと言を伝えてから案内人が先に上がっていくのが現場のビジネスマナー。
　　　　　　　　　　（西出博子著『完全ビジネスマナー』河出書房新社）。

　階段を下りる場合も同様。来客を気遣いながら先に下ります。
　もちろん，これは正誤の問題ではありません。どちらでもいいのです。ただ，ビジネスの場合，いろいろとお客さまのことを考え，このような洗練された案内の仕方になりました。
　もちろん，両者ともに，お客さまに敬意を表した案内の仕方であることは，言うまでもありません。マナーの心は不変ということでしょう。

３ マナーとは，人に不快な思いをさせないこと

　ところで，こんなことありませんか。
「ひとの下品な歩き恰好(かっこう)を顰蹙(ひんしゅく)していながら、ふと、自分も、そんな歩きかたしている」（太宰治著「女生徒」ちくま文庫）こと。

　　＊顰蹙とは，不快に思って顔を顰(しか)めること。眉を顰(ひそ)めること。嫌われてしまうということだ。

　別に真似をしようと思っているわけではないでしょうが，なぜかこうなってしまう。不思議ですね。話し方もそう。「あの人，嫌な言い方をしているなあ。私だったら，あんな言い方しないのに」。そう思っていても，知らず知らずのうちに，自分も同じような嫌な言い方をしていたりする。

115

でも、これって一体、何なのでしょうか。もちろん、ものの弾みということもあるでしょうが、いかんせん、これではどうにもならないでしょう。

マナーとは、人に**不快な思いをさせないこと**、そして**敬いの心を持って謙虚に接する**ことにあります。これがビジネスマナーの根底にある 心(ヒューマンスキル) です。この心を一時(いっとき)でも忘れてしまうと、心ない態度や言葉遣いになってしまいます。この心をいつでも忘れないようにしたいものですね。マナーは、周りの環境を気持ちよく、快適にさせるためにあるのですから。そしてこれも重要な仕事の一つです。

　　　＊この心を持ち続けることは難しいかもしれない。が、これは基本である。そして基本だからこそ難しいのである。少しずつ、一歩ずつである。
　　　＊ちなみにこの女生徒、そんな自分に気が付いて、「これからは、気をつけよう」と反省している。この気付きはとても大切なことだ。

▶ 出題の視点

検定問題では、事例研究①の他、お辞儀の仕方、受け付け、取り次ぎ、案内など、マナー全般が出題されています。その基本的な対応例を、次の事例から確認しておいてください。**秘書から学ぶ「ビジネスマナー、一般的なマナー」**です。

①丁寧なお辞儀の仕方

◆手は横からひじを曲げず自然に前へ持っていって重ね、指は伸ばして指の間は付ける。

　　　＊ひじを張って（曲げて）するお辞儀の仕方があるが、それはその形を見せるためのお辞儀の仕方。ビジネスの場にはふさわしくない。

◆背筋を伸ばして首を動かさず（頭を下げず）、腰を折る。

◆結果として頭が下がるからそこで一瞬止めて、それからゆっくり上げること。

　　　＊これが丁寧であるということを表す重要ポイントの一つ。特に、お辞儀をしたままの形で一瞬止めることは重要である。「このたびは本当に申し訳ございませんでした」という陳謝(おわび)の気持ちが、この一瞬の「間」に凝縮されているからである。形には意味（心）があるといわれているゆえんでもある。

◆靴のかかとは離さずにきちんと付けておくこと。

　　　＊きちんとした印象を与えるからである。このときつま先は少し開く。な

お，かかとを前後に少しずらして立つ立ち方（モデル立ち）は，ビジネスの場ではしないこと。
- ■以上のお辞儀の仕方ができて初めて丁寧なお辞儀になるということ。そしてこれが，次に説明する会釈や中礼，最敬礼に表れてくれば，本物の丁寧（ベスト）なお辞儀になる。

◆お辞儀には，会釈や中礼（普通礼・敬礼），最敬礼などがあるが，するときには相手の区別はしないですること。
- ＊会釈（軽いお辞儀）は，廊下で擦れ違うときや上司の部屋に入るときなどにする。
- ＊中礼のお辞儀（30度ぐらい）は，「おはようございます」と廊下で先輩や上司にあいさつするときや「よろしくお願いいたします」などと相手に言うときにする。

   最敬礼のお辞儀（45度ぐらい）は，「いらっしゃいませ」と言って客を迎えるときや「申し訳ございません」と相手にわびるとき，また，「ありがとうございます」と相手に感謝の気持ちを伝えるときにする。
- †もちろん，お辞儀は角度さえよければそれでよいというものではない。テンポよく頭を下げてすぐに上げては何にもならない。これではいくら深いお辞儀をしても，相手の心には響かない。お辞儀の深い浅いよりこのことを重視してお辞儀をしているのが秘書である。これによって，会釈や中礼，最敬礼などのお辞儀の角度も自然と決まってくる（形が整う）からだ。ビジネスマナーではとても大切なことである。

② **上司に対する立ち居振る舞い**
◆社内を歩くときは，上司に従うように上司の斜め後ろを歩いている。
◆上司に書類を渡すときは，文面がそのまま読める向きにして，両手で渡している。
- ＊もちろんこれは，上司に限らない。

◆上司に報告するときは，机の斜め前に立ち，手を前で重ね体を少し前に傾けてしている。
- ＊前傾姿勢である。そしてこれが慎みのある態度。

◆上司が退社するときは，立ち上がって上司の方を向き，「失礼いたします」と言ってお辞儀をしている。
- ＊「失礼いたします」は，お辞儀の先でも後でも同時でも構わない。大切なのはお辞儀の丁寧さである。

◆上司が自分のところに来て話し掛けたときは、すぐに立ち上がって手は前で重ねて話を聞いている。
　　　＊このとき椅子は机の下に入れておくこと。席を離れるときも同じ。

③その他の丁寧な立ち居振る舞い
◆電話で話が終わったときは、相手が切るのを確認してから、静かに受話器を置くこと。
◆物を受け取ったり渡したりするときは、手のひらに入るような小さな物でも両手ですること。

④感じのよい朝のあいさつ
◆昨日一緒に残業した同僚に、「おはようございます。昨日はお疲れさまでした」。
◆昨日まで出張していた先輩に、「おはようございます。ご出張お疲れさまでした」。
◆昨日風邪で休んだ課長に、「おはようございます。お加減はもうよろしいのですか」。
　　■いずれのあいさつも事務的ではない、それぞれの人に対する思いやりが感じられる言葉遣いだ。そう、これが一人一人に向けた感じのよいあいさつ。秘書から学ぶべき言葉遣いが多いといわれるゆえんである。

⑤廊下でのあいさつ
社内の廊下で来客や社員と出会ったとき、秘書Ａ子はどのようなあいさつの仕方をしているか。
◆来客を案内しているとき他部署の同僚と出会うことがあるが、そのときは歩きながらでも目礼をしている。
　　＊目礼とは、目で軽くあいさつすること。混んでいるエレベーターであいさつするときなどはこの目礼程度でよい。
　　＊他部署の部長と出会ったときも同様。
◆顔見知りの客と出会うことがあるが、そのときは立ち止まって「いらっしゃいませ」と言ってお辞儀をしている。
◆他部署の課長などが連れ立って歩いてくるのに出会うことがあるが、その場合は通り過ぎるとき軽くお辞儀をしている。
◆上司と一緒に歩いている来客と出会ったときは、端に寄って、立ち止まってお辞儀をしている。

◆顔見知りの客が他部署の社員と話しながら歩いてくるのに出会うことがあるが，そのときは立ち止まってお辞儀をしている。

⑥エレベーターでの対応

秘書Ａ子の勤務する会社のビルには他に数社入っていて，５階以上をＡ子の会社が使っている。Ａ子がエレベーターに乗り，操作パネルの前に立ったとき，どのような行動をしているか。

◆話しながら乗ってきた二人連れの人に，大きめの声で，「何階を押せばよろしいでしょうか」と尋ねている。

◆外出から戻ってきたらしい営業部長に，「８階でよろしいでしょうか」と尋ね，営業部のある８階を押している。

◆朝，エレベーターでよく一緒になる他の会社の人に，「おはようございます」と言いながら，その人の降りる階を押している。

　　＊「あなたのことを覚えています」というメッセージは，コミュニケーションの基本でもある。が，これを実践できる人は少ない。秘書から学ぶべきは，このようなことだ。これができれば仕事にもよい影響をもたらすはずだ。

　　　†コミュニケーションは触れ合い（make friends）でもある。些細なことだが，これはとても重要なこと。

◆Ａ子の会社に頻繁に出入りしている業者の人に，「今日はどの部署にいらっしゃるのですか」と尋ね，言われた部署のある階を押している。

　　＊「何階ですか」と事務的に尋ねないところが秘書の秘書たるゆえん。この語り掛けが，業者の忙しさを気遣っている。

　　＊では，秘書Ａ子がエレベーターに乗ったとき，操作パネルを操作している人から「何階ですか」と聞かれたとき，どうしているか。Ａ子はその階を言って「ありがとうございます」と礼を言っている。もちろん，降りるとき，扉が閉まらないように「開」のボタンを押していてくれたら，「ありがとうございます」と礼を言って降りている。ささやかなことだが，これが礼儀をしっかり身に付けた秘書の日常の姿である。

⑦受付の応対と取り次ぎ

　受付業務の基本心得

◆受付に向かって歩いてくる客の姿を認めたら，すぐに立ち上がって「いらっしゃいませ」とあいさつしている。

◆来訪した予約客には,「いらっしゃいませ。お待ちしておりました」と言って取り次いでいる。
> ＊この後,「ご案内いたします」と言って応接室に案内する。
> ＊客が傘やコートなどを手にしているときは,よければ預かると言って受け取り,帰りまで預かる。
> ＊客が予約時間より早く来訪したときは,上司にその旨を告げてどのようにするか尋ねる。

◆何人かの客が重なり,中に顔見知りの客がいても,先に来た客から順に応対している。

◆予約があっても初めての客のときは,受け取った名刺の会社名,氏名などを確認している。
> ＊予約客であっても初めての客は,最初に名刺を預かって上司に取り次ぐということである。

◆受付に来た客が,自分から何も言い出さないときは,秘書の方からどこに用事があるのか尋ねている。

◆客を受け付けているとき電話が鳴ったら,「失礼します」と客に断って電話に出ている。

◆客が重なり受け付けが後になる客には,「少々お待ちくださいませ」などのように声を掛けている。

不意の来客のとき（初めての客）

◆会社名と名前を尋ねて名刺を預かり,「面談の予約はしてあるか,どのような用件か」を尋ねた。

◆「上司が席にいるかどうか確かめてくるので,少し待ってもらいたい」と言った。
> ＊在席していても会うのは用件によるのだから,在席していると言ってはいけない。

◆上司に名刺を渡し用件を伝えて,会うかどうかを確認した。

◆上司の指示で来客を断るとき,預かった名刺を,申し訳ないがと言って返した。

◆初めての客で上司が不在の場合は,会社名,氏名,用件を尋ね,上司に伝えておくと言っている。

不意の来客のとき（顔見知りのケース）

◆不意の来訪であれば，上司の顔見知りであっても取り次ぐ前に上司に都合を確認している。
◆転勤のあいさつのような時間を取らない来客は，上司が在席していれば取り次いでいる。
　　　＊上司の仕事が立て込んでいても，すぐに取り次ぐ。これが転勤のあいさつに対する礼儀である。時間もさほどかからないであろう。

取引先のK氏が約束の時刻に訪れたが，上司はまだ延々と会議中
◆K氏に，「K様でいらっしゃいますね。お待ちしておりました」と言ってあいさつした。
◆K氏に，上司は会議が長引いてすぐには会えないがとわび，「少々お待ち願えませんでしょうか」と言って頼んだ。
◆K氏は待つと言うので，応接室へ案内してお茶を運び，「よろしければどうぞ」と言って雑誌と新聞を勧めた。
◆会議が終わって戻ってきた上司に，「K様が応接室でお待ちです」と言って伝え，上司とK氏の二人分のお茶を出した。
　　　■以上のケースは，受け付けから応接室への案内までの基本パターン。

名刺を出されたときの受け取り方
◆受け取るときは，「お預かりします」と言って胸の高さで，両手で受け取っている。
◆受け取るとき，相手の名前を親指で押さえることのないようにしている。
　　　＊受けた名刺は手のひらに載せ，名前が隠れないように親指で押さえて持つということ。
◆名前の読み方が分からないときは，「どのようにお読みするのですか」と尋ねている。
◆相手が名刺を渡しながら名前を名乗ったときでも，「○○様でいらっしゃいますね」と言うようにしている。
　　　＊また，来客から名刺を出されたときは，「○○会社の○○様でいらっしゃいますね」と確認すること。
◆他部署を訪問する客だったので，内線電話で他部署に取り次いだ後，預かった名刺は返した。
◆客から名刺を出されたが，上司から断るように言われている客だっ

たので，理由を言って受け取らなかった。
⑧応接室への案内とお茶出し

◆案内するときは，客の斜め前を歩き，時々後ろを確かめている。
　　　＊客への気遣い，心配りがよく表れているケース。
　　　＊このとき，「どうぞこちらでございます」「ご案内いたします。どうぞこちらへ」などと言って案内する。
　　　　　†進む方向を手で示すときは，指をそろえて行く手を示すこと。

◆来客をすぐ上の階に案内するときは，すぐ上の階に行ってもらうのだが階段でよいか，と尋ねている。
　　　＊階段の案内の仕方は，「要点整理」の＜2ビジネスマナーと一般的なマナー＞を確認のこと。

◆来客をエレベーターで案内するときは，エレベーターで○階に行く，と言ってからエレベーターに乗ってもらっている。

◆来客を応接室に通すとき，「空室」の表示がしてあっても，ノックをしてからドアを開けている。

◆応接室が内開きのドアのときは，自分が先に入り，ドアを押さえて客を迎え入れている。

◆応接室が外開きのドアのときは，自分は中に入らずにドアを押さえていて，客に先に入ってもらっている。

◆客が応接室に入ったら上座の椅子を指し示して，「こちらで少々お待ちくださいませ」と言っている。

◆来客には先にお茶を出しておき，上司が応接室へ入ったら，上司の分と一緒にあらためて来客の分も出す。
　　　＊このとき，上司と来客が立って話していたら，少し待つとよい。もし長引きそうなら，テーブルの上にお茶を置き，「失礼いたします」と言って退室すればよい。
　　　＊言うまでもないが，上司が普段使っている茶わんでお茶は出さないこと。客と同じ茶わんでよい。

◆来客に出すお茶は温かいものが基本だが，陽気によっては，「冷たいものの方がよろしいでしょうか」と尋ねるようにしている。
　　　＊緑茶を出すときの用意の仕方は，①人数分の茶わんを用意し，茶わんと急須はお湯で温めておく。②急須に適量の茶葉を入れ，沸騰させた後，

適温に冷ましたお湯を入れ，茶葉が開くまで少し待つ。③お茶の濃さを均一にするために，一つの茶わんに一度につがず，少しずつ何回かに分けて七分目になるまでつぐ。

＊お茶を出すときの手順は，①茶わんにお茶を入れ，盆の上に茶わんと茶たくを別々に載せて運ぶ（布巾も一緒に載せる）。②応接室では，盆をサイドテーブルに置き，茶たくに茶わんを載せて茶たくを両手で持ち，客に出す（茶わんの絵柄は客に見えるようにして出す）。③会談中のときは，小さな声で「失礼します」と言って軽くお辞儀をしてから置く。④出し終えたら，盆を体に付けるようにして脇で抱え，目礼して退出する。

†茶たくとは，茶わんを1つ載せる小さい受け皿のこと。これがコーヒーのときはソーサーに，また，ジュースなどを出すとき，コップの下に置くものはコースターになる。

◆客を長く待たせるときは，そのことをわびて，お茶を入れ替えたり新聞などを勧めたりしている。

＊客への気遣いである。そしてこれによって客も安心する。「忘れていないようだ」と。なお，おおよその時間が分かればそのことを伝えておくのもよい。

＊替えのお茶を持っていったとき，手を付けていなくても，茶たくごと下げて持っていったお茶と替えること。

◆応接室に客を案内し終って退室するときは，ドアの前で客の方に向き直り，「失礼いたします」と言って一礼している。

⑨来客の見送り

◆来客応対中に別の客を見送るときは，応対は続けたまま，別の客に軽くお辞儀をしている。

◆自席で客を見送るときは，立ち上がり「失礼いたします」と言って丁寧にお辞儀をしている。

◆来客を見送るため，上司と一緒に玄関まで行くときは，自分は少し離れた後ろを歩くようにしている。

◆車で帰る客を見送るときは，車のそばまで行き「失礼いたします」と丁寧にお辞儀をし，車が見えなくなるまで立っている。

◆エレベーターの前で見送るときは，客がエレベーターに乗ったら「失礼いたします」と言って丁寧にお辞儀をし，ドアが閉まるまで立っている。

＊エレベーターの扉が閉まるまで顔を上げないようにしているのが秘書。そしてこれがベストな対応の仕方。

⑩応接室の席次

秘書A子の上司（部長）のところに，商談のためK社の部長と課長が訪ねてきた。こちらから出席するのは，上司，Y課長である。このような場合，K社の部長に下図の①，Y課長に④の席を勧めてから，そのほかの人はどの席に座ってもらうのがよいか。

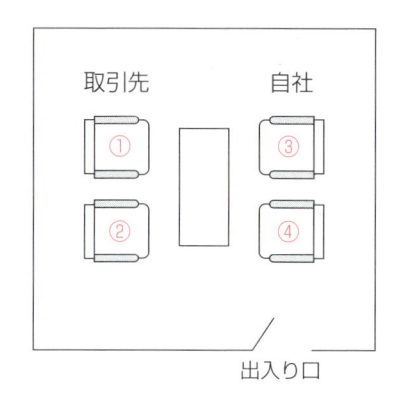

```
        取引先      自社
         ①         ③

         ②         ④

                出入り口
```

◆上座の席①に座っているK社部長の隣②にはK社課長に座ってもらい，下座の席③には上司に座ってもらえればよい。

＊順は，①③②④になる。が，この場合は商談だからK社と当社は向かい合って座った方がよいということ。ビジネス的な座り方である。

†③の席にK社の課長に座ってもらったら，商談もうまく進まないであろう。

†なお，お茶出しもこの順番で行うとよい。

⑪タクシーに乗るときの席順

秘書A子は，上司と得意先のB氏と一緒にタクシーに乗ることになった。この場合，上司とB氏にそれぞれどの位置に座ってもらい，A子はどこに座るのがよいか。

◆得意先のB氏は，最も安全とされる席（タクシードライバーの後ろ）④，上司には②に座ってもらい，A子はB氏と上司の会話の邪魔にならない助手席の①に座るのがよい。

●マナー・接遇●

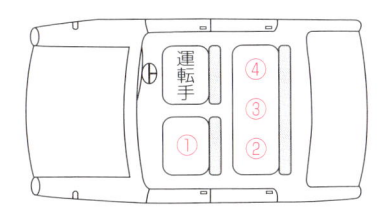

> ＊なお時折，後部座席に３人座っているケースを見掛けることがある。が，それはそれとして，この座り方は正式ではない。中央に座った人（③）が窮屈この上ないからであるが，もてなしの心から見てもこれはよくない。

⑫西洋料理のマナー

◆ナイフやフォークは音を立てないようにして使う。

◆ナイフとフォークはセットされている外側から順に使う。

◆少なくなったスープは，皿を少し傾けてスプーンですくって飲む。

◆中座するとき，ナプキンは軽く畳んで椅子の上に置く。

> ＊食事中はなるべく席を立たないのが基本的なマナーである。なお，食事が終わったらナプキンはテーブルの上に置く。これで食事が終わったサインになる。

◆食事中にナイフとフォークを置くときは，皿の上に八の字に置く。

⑬病気見舞いのマナー

入院した上司への見舞い

◆上司の家族に，見舞いに行くこととその日時を連絡する。

> ＊まず見舞いに行ってよいかどうかの確認である。上司と上司の家族の都合もある。もし見舞いに行くとなったら，家族も病院に出向き，見舞客を病室で待つことになるからである。

> ＊面会時間内に出向くことになるが，回診時間や食事の時間などは避けること。大切な確認事項（マナー）である。

◆見舞いに行くときの服装は，特に気を使わず普段来ているスーツにする。

◆病室に入ったら，同室の人には会釈程度のあいさつをする。

◆家族の人がいたら，いつも世話になっているとあいさつをする。

3 話し方, 接遇

1. 一般的な敬語, 接遇用語が使える。
2. 簡単な短い報告, 説明ができる。
3. 真意を捉える聞き方が, 初歩的なレベルでできる。
4. 注意, 忠告が受けられる。

1 一般的な敬語, 接遇用語が使える

　敬語とは, 人を敬(うやま)うための語(ことば)です。尊敬語, 謙譲語, 丁寧語などがあります。また, 接遇用語とは, 来客などを遇(もてな)すための言葉です。「恐れ入ります」「気が付きませんでした」「かしこまりした」などがあります。

　そしてこの二つの言葉遣いの共通点, それは, 相手を敬い, 気遣い, 丁寧に使うこと。でもそのためには心しておかなければならない基本があります。それはそれぞれの言葉をその場に応じて適切に使うということです。その意味(こころ)をきちんと理解しておく必要があるということです。

　では, 次の事例からそのことを検討してみましょう。敬語のケーススタディーです。

事例研究① 一般的な敬語, 接遇用語が使える　　　case study

　次の「　　」内は, 秘書A子の言った言葉である。中から適当と思われるものを一つ選びなさい。

1) 訪ねてきた上司の友人に茶菓を勧めるとき, 「どうぞいただいてくださいませ」
2) 外出する予定の時間になったとき上司に, 「そろそろまいられるお時間ですが」
3) 面会の約束があると言って訪ねてきた客に, 「私どものどなたとお約束でしょうか」
4) 訪ねる先がどこなのか分からず迷っている客に, 「どこの部署をお訪ねになられるのでしょうか」

●マナー・接遇●

5）　上司の帰社が遅れていて予約客を少し待たせるとき，「もう少々お待ちいただいてもよろしいでしょうか」

> 事例解説　　　　　　　　　　　　　　　　　instructions

いかがでしょうか。**適当な選択肢は5）**になります。

ところで，このとき来客に「もう少々お待ちくださいませ」と言ったらどうでしょうか。もちろん，この言い方でもよいケースはあるでしょう。が，いかんせん，この場面で使うには，一方的かつ事務的な言い方ということになるでしょう。なぜなら，客を待たせるとき，待ってもらえるかどうかを最初に尋ねておかなければならないからです。この場合，約束の時間に戻ってこないのは上司なのですからなおさらでしょう。従ってここは，「申し訳ございません。お約束のお時間も過ぎてしまいましたが，もう少々お待ちいただいてもよろしいでしょうか。〇〇様のご都合はいかがでございましょうか」と，おわびの気持ちとともに客の都合を尋ねていくということになるでしょう。これが**秘書の気遣い**であり，この気持ちが尊敬語の**「お待ち」**と謙譲語の**「いただいて」**に表れてくるわけです。これが相手の気持ちを慮った敬語の丁寧な使い方です。

> ＊「待つ」を尊敬語に直して「お待ち」にする。言うまでもなく，待つのは来客であるから，尊敬の意味を表す「お」を付けるのである（「ご」の場合もある）。
>
> ＊「もう少々お待ちいただいてもよろしいですか」の「いただく」は，秘書A子が「もう少し待つ時間をもらえないか」とお願いしているのである。この「もらえないか」を謙（へりくだ）って言うと，「いただく」になる。来客（上）から秘書A子（下）が時間をいただくというわけである。これが謙譲語の一例。
>
> †「もう少々お待ちになっていただけますでしょうか」「もう少々お待ちになってくださいます（でしょう）か」などの言い方でもよい（尊敬語）。

では，不適当な選択肢は，どこに問題があるのでしょうか。検討してみましょう。

まず**選択肢1）**。正しくは「どうぞ（お客さま）**召し上がって（お召し上がり）くださいませ**」と尊敬語にして茶菓を勧めます。すると来客は，「ありがとうございます。それでは（あなたが出してくれた茶菓を）頂戴

127

いたします（いただきます）」と言うことになるでしょう。「いただく」は，あくまでも「食べる側（ここでは来客）」が使う言葉遣いです。

> ＊ともに相手に敬意を表している言葉遣い。秘書A子は，「食べる」の尊敬語「召し上がる」を使って茶菓を勧め，来客は，「食べる」の謙譲語「いただく」を使って，相手に敬意を表す。「忙しい中，私のために茶菓を用意してくれてどうもありがとう」というわけである。
> †客（上）であっても，ここでは秘書A子に敬意を表し，秘書A子を上に立てて「いただきます」と謙譲語を使うのである。これが相互尊重の敬語の使い方。

　次は**選択肢2）**ですが，さてどこが不適当になるでしょうか。そう，「まいられる」です。「まいる」は，あくまでも自分が行くときに使う謙譲語で，「課長，私がまいります」などのように使います。もちろん，この場合「まいる」に尊敬の「られる」を付けても尊敬語にはなりません。ではどうするか。**「部長，そろそろお出掛けになるお時間ですが」**となります。これが部長（上）に対する尊敬語の使い方です。

> ＊「お（ご）〜になる」の形にして尊敬語にするわけである。「おいでになる」でもよい。尊敬語の伝統的な形式である。
> ＊なお，「お時間」は尊敬語だが，この言い方は美化語であるとする考え方もあるようだ。

　選択肢3）はどうか。ここでは「どなた」が問題です。この場合，「どなた」は自社側の人間ですので，こんな丁寧な扱い（言い方）はしないで，**「どの者」**とへりくだって言います。外部の人を上に位置付けて言うとこうなります。そしてこれが敬語の基本的な考え方です。

　そして**選択肢4）**。これは尊敬語の使い方でよく間違えるケースです。「お訪ねになられる」がその箇所です。来客に丁寧な言葉遣いで接するのはよしとしても，これでは少々丁寧に過ぎるようです。適切な言い方は**「どの部署をお訪ねになるのでしょうか」**になります。これは，選択肢2）で解説した尊敬語の形式と見比べてみればよく分かるでしょう。そう，「お（ご）〜になる」が尊敬語の形ですが，この選択肢ではさらに尊敬の「れる」を使って「なられる」としているからです。二重敬語です。**もう少しスマートに，**といったところでしょうか。

> ＊このようなケースはよく見掛ける。「お出掛けになられる」「お話になられる」「お帰りになられる」など，これ全て誤用と思ってよい。

●マナー・接遇

要点整理　the main point

▶ 一般的な敬語, 接遇用語が使える

1 敬語を使えるということ

　敬語は, 人を敬う語です。そう初めに述べましたが, これと同じようなことを言っている人がいました。ドイツのオペラ歌手エリカ・ケートさんです。彼女はこう語ります。**「日本語は／人を敬う言葉です」**と。

　きっとケートさんは, 歌手ならではの研ぎ澄まされた感覚で, 言葉と言葉が快く響き合う日本語を, そしてここから「人を敬う」言葉の心を聴き取ったのでしょう。**「我々の伝統に『敬語』というものがあるのを知らない」**（浅利慶太著『時の光のなかで』文春文庫）にもかかわらず。

　でも, 人を敬い, 謙虚な態度を表すためには, どのような基礎教養が要るでしょうか。まずはその心を表すための言葉遣い, 一般的な敬語のルールを身に付けておく必要があります。言葉と言葉が快く響き合うためにも。そして出題の意図もここにあります。

　　　　＊一般的な敬語を身に付けるといっても, うわべだけを装う（取り繕う）
　　　　　言葉遣いにしてはならない。敬語は「人を敬う」言葉なのだから。

2 尊敬語の使い方

　尊敬語とは, 相手の動作などを高めて言い表す敬語のこと。取引先の会社を**「御社」「貴社」**と言って敬う。**「お（ご）」**を付けて**「部長のお話」「部長のお荷物」「部長のご指示」**などと礼儀正しく言い表す。**「言う」**を**「おっしゃる」**,**「見る」**を**「ご覧（になる）」**,**「行く」**を**「いらっしゃる」**などと言い換えるのもそう。また,**「お（ご）～になる」**,**「お（ご）～なさる」**の形式, 例えば**「部長がお話になる」「会長がご出席なさる」**などにする。これが尊敬語にするための表現法(ルール)です。

　　　　＊尊敬語の「ご覧になってくださいませ」「お尋ねになってくださいませ」
　　　　　などの言い方を簡略化し,「ご覧くださいませ」「お尋ねくださいませ」
　　　　　としてもよい。「お（ご）～ください」の形式である。

　　　　＊尊敬語の大切な役割。それは, 話し手である自分が, 自分より上の人
　　　　　（上司や顧客）のことを話題にするときの言い方である。例えば, 聞き
　　　　　手が部長（上）で, 話題になっている人が課長（中）であっても, 担当
　　　　　者である自分（下）は, 課長に対して尊敬語を使う。「部長, 課長はあ

と10分でおいでになるそうです」というように。

 † このとき，部長が「何だ，課長にばかり敬語を使って」などと，怒りにも似た独り言を言ったとしても気にすることはない。部長には，丁寧語の「です」で直接敬意を表しているからだ。

＊もう一つの重要な役割。それは，「細かいところまで注意が行き届き，落ち度がない」丁寧な言い方をしなければならないということ。例えば，「部長は今，常務とお話しになっており（い）ます」という言い方があるが，さて，この敬語の使い方はどうだろうか。少々丁寧さに欠ける言い方である。ここでの問題点は「おり（い）ます」である。なぜならこれは「明日，私は終日，社内におり（い）ます」などと使う謙譲語で，それを上司である部長に使ってはいけないということである。秘書ならこう言う。「部長は今，常務とお話しになっていらっしゃいます」と。これが，細かいところまで注意が行き届き，落ち度がない丁寧な言い方である。

 †「お話しになる」と「いらっしゃる」を「て」でつなげると「お話しになっていらっしゃいます」となる。これを「敬語連結」（文化審議会答申『敬語の指針』）という。そしてこの形は二重敬語にはならない。丁寧な尊敬語である。もちろん，「話していらっしゃる」「話しておいで（ございま）す」などという言い方でも構わない。「前のことばはふつうの形にして、あとのことばを尊敬語にする」（永崎一則著『正しい敬語の使い方』ＰＨＰ研究所）わけである。そしてこれが今の一般的な傾向でもあるようだ。

3 丁寧語の使い方

　丁寧語は，**聞き手に対して直接敬意を表す言い方**のことで，「です」「ます」「ございます」があります。これだけです。

＊ここで丁寧語の再確認。例えば，「あの方は，伊東五郎さんとおっしゃいます」と，目上の人に言った場合，「おっしゃる」までは伊東さんへの敬意を表す尊敬語になり，そして「ます」が聞き手に対する丁寧語になる（『正しい敬語の使い方』）。「ます」は，上司への敬意表現で，伊東さんへの敬意表現ではないというわけだ。

＊もう一つ。「あの方は，おたくの北山部長でいらっしゃいますか」と聞かれ，その通りなら，「はい，私どもの部長の北山でございます」と応える。言うまでもなく，「いらっしゃる」は「北山部長」に対する尊敬表現で，「ございます」は「北山部長」を尊敬しているのではなく，聞き手（質問者）に対する丁寧表現になる。

4 謙譲語の使い方

謙譲語とは，自分（側）の動作などをへりくだる（謙遜する）ことによって，相手に敬意を示す言い方のこと。自分が勤めている会社のことを「**弊社**」「**小社**」とへりくだる。「する」を「**いたす**」に言い換えて，「課長，それは私がいたします」とする。「言う」を「**申す**」，「見る」を「**拝見**」，「行く」を「**伺う**」などもそう。また，「**お（ご）〜する（いたす）**」の形式を使って「**お客さま，私が展示場までご案内いたします**」にする。これが謙譲語にするための言葉遣いのルールです。

 ＊この言い方によって，上下の関係（自社と取引先，上司と部下，売る側と買う側など）を表す。これが謙譲語の役割の一つ。

 ＊「申す」は，「部長，私から申す（申し上げる）ことはありません」などと使う。「部長，私からお話しすることはございません」と言い換えてもよい。同じ謙譲表現である。

 ＊「伺う」は，「御社には，明日９時にお伺いいたします」「部長，少々お伺いしたい（伺いたい）ことがございますが」などのように使う。

 ＊「ご案内いたします」と同様のケースに，「お待ちしています」という言い方がある。例えば，「部長（上），それでは私（下），明朝９時にＡ社ロビーでお待ち（いた）しており（い）ます」などがそうである。部長を上位に，私を下位に置いて，自分が待つという行為を「お待ちする（いたす）」と謙譲表現にしているわけだ。

  †ここで注意すること。例えば，客（上）に対して，「もう少々，お待ちしていただいてもよろしいですか」「パーティーにはご出席していただけますか」などの言い方をしてはいけないということだ。客を下に置いた失礼な言い方になるからだ。また，秘書が部長に向かって「式典には会長がご出席する予定です」も同様，不適切な言い方である。正しくは，それぞれ「少々，お待ちいただけますか」「ご出席いただけますか」「ご出席なさる予定です」「出席される予定です」となる。

  †もう一つある。それが，「部長の申された通りでございます」「お客さま，その件につきましては総合受付で伺ってください」などの誤用例だ。それぞれ，尊敬語にして「おっしゃる」「お尋ね（になって）」となる。謙譲語と尊敬語の混同の例である。

5 敬語の一覧

では，ここで尊敬語と謙譲語の言い換えの例を整理しておきましょう。

	尊敬語	謙譲語
言う	おっしゃる　仰せになる	申す　申し上げる
見る	ご覧になる	拝見する
聞く	お聞きになる	伺う　承る　拝聴する
行く	いらっしゃる　おいでになる お出掛けになる	伺う　まいる　お邪魔する 参上する
来る	いらっしゃる　おいでになる お越しになる　来られる	まいる
する	なさる　される	いたす
いる	いらっしゃる　おいでになる	おる
食べる	召し上がる	いただく　頂戴する
会う	お会いになる　会われる	お目にかかる
見せる	お見せになる	ご覧に入れる　お目にかける
知る	ご存じ	存じ上げる

＊なお，このほかにも敬称としての「あの方（皆様方）」などの尊敬語（「私ども」は謙譲語）がある。

＊尊敬語は「お（ご）～になる」「お（ご）～なさる」「～なさる」「～される」「お（ご）～くださる」などの形式を使う。

　†先に「出席される」という例を挙げた。ここで注意することは「ご出席される」としないことだ。「ご～される（する）」は謙譲語の言い方になるからである。従ってここは「ご」を付けないで「出席される」とする。これが尊敬語である。

＊謙譲語は「お（ご）～する」「お（ご）～いたす」の形式を使う。

■以上の「要点整理」の内容は，『ビジネス実務マナー検定受験ガイド3級』の「基礎的な敬語」でも解説しているもの。敬語の共通事例である。

6 接遇用語の一覧

　来客などを遇ためのⅠ言葉。それが接遇用語です。そして，その根っこには**敬語の心**があります。「**人を敬い，気遣う**」心です。では，それはど

のような言葉遣いなのかを次の一覧から見ておきましょう。

歓迎の心を込めて	「いらっしゃいませ。ようこそお越しくださいました」
丁寧な心持ちで	「どうぞ，こちらへ」
待たせて済まないがとの思いを込めて	「少々お待ちくださいませ」 「少々お待ちになってくださいませ」
待つ人の気持ちを察して	「お待たせいたしました」
迅速さを心して	「ただ今まいります」
従順な心をもって	「かしこまりました」 「承知いたしました」
素直な心をもって	「さようでございます」 「おっしゃる通りでございます」 「ごもっともでございます」
心から恐縮して	「恐れ入ります」
わびる気持ちを込めて	「相済みません」 「申し訳ございませんでした」
気配りの足りなさをわびて	「気が付きませんでした」
本当に済まないとの気持ちをもって	「ご面倒（ご迷惑）をお掛けいたしますが」
感謝の気持ちを込めて	「ありがとうございました」

▶ 出題の視点

　検定問題では，事例研究①に見られるように，基礎的な敬語の知識を問うています。特に，尊敬語と謙譲語の適切な使い分けに視点を置いての出題が多いようです。次の事例から，その言葉遣いを確認しておいてください。

　　＊以下に示してある語例を，何度でも音読して確実に身に付けておくこと。するとここから言葉と言葉が快く響き合うリズム（調子）が体感できる。

敬語の一般的な使い方（語例）
　来客への丁寧な言葉遣い
　　▼「忙しいところを来てくれてありがとう」と言うとき
　　　「お忙しい中をお越しくださいましてありがとうございました」
　　　　＊「お越し」は「おいで」でもよい。

　　▼「できたら名刺を預かりたいのだが」と言うとき
　　　「お差し支えなければお名刺をお預かりしたいのですが」
　　　　＊秘書の場合，来客の名刺は「いただく」のではなく，預かるになる。

　　▼「部長の山田はすぐに来る」と言うとき
　　　「部長の山田は間もなくこちらにまいります」
　　　　＊「こちらにおいでになる」とはしない。相手は客である。客を高めて自社側はへりくだるのが敬語の基本。
　　　　＊出掛けてしまった場合は，「山田はたった今出掛けてしまいました。申し訳ございません」となる。

　　▼「この椅子に座ってくれ」と言うとき
　　　「こちらの椅子にお掛けくださいませ」
　　　　＊「こちらの椅子にお掛けになってくださいませ」でもよい。

　　▼「もう一度言ってもらえないか」と言うとき
　　　「もう一度おっしゃっていただけません（でしょう）か」

　　▼「都合を聞かせてもらいたいのだが」と言うとき
　　　「ご都合をお聞かせいただきたいのですが」
　　　　＊「お聞かせ願いたいのですが」でもよい。

　　▼「よかったら車を呼ぼうか」と言うとき
　　　「よろしければお車をお呼び（いた）しましょうか」
　　　　＊「よろしければ」は敬語そのものではではない。が，ここでは「お車」や「お呼びする」などの敬語と調和させるために，俗な言い方である「よかったら」を，「よろしければ」と改まった言い方にしている。「ちょっと」を「少々」に言い換えるのも同様のケース。これで，全体が調和の取れた礼儀正しい話し方になる。細かなところまで注意が行き届く。これが秘書として，ビジネスパーソンとしての丁寧な言葉遣い。次はその言い換えの一例。

●マナー・接遇●

普段の言葉遣い	改まった言葉遣い	普段の言葉遣い	改まった言葉遣い
きのう	昨日(さくじつ)	こんど（今度）	このたび
きょう	本日	これからも	今後とも
後(あと)で	後(のち)ほど	こっち	こちら
今	ただ今	あっち	あちら
何でも	何なりと	ちょっと	少々
どんな（何の）	どのような	どう	いかが

電話での丁寧な言葉遣い

▼「上司の山田部長と電話を代わるのでちょっと待っていてくれ」と言うことを

「山田と代わりますので，少々お待ちくださいませんでしょうか」

　＊「山田部長と代わりますので」や「お待ちしてください」などの言い方はしないこと。

▼「忙しいのに，呼び立てて申し訳ない」と言うことを

「お忙しいところ，お呼び立て（いた）して申し訳ございません」

　＊「お呼び立てして」は謙譲語。これでよい。電話で呼び立てたのは自分だからである。

▼「済まないが，もう一度名前を言ってくれないか」と言うことを

「恐れ入りますが，お名前をもう一度おっしゃっていただけますでしょうか」

　＊「恐れ入りますが」を「済みませんが」などと言わないこと。なお「おっしゃる」は，「お聞かせくださいますか」でもよい。

▼「会社に戻ったら，Ｆさん宛てに電話するように山田部長に伝える」と言うことを

「山田が戻りましたら，Ｆ様宛てにお電話するよう申し伝えます」

　＊この場合「戻りましたら」で十分。決して，「戻られましたら」などと言わないこと。この場合，上司の山田部長に対して尊敬語は使わない。

Column

人を敬う心

敬いの言葉はいつの時代でも変わらない

芥川龍之介の短編に『蜘蛛の糸』というものがあります。敬いの言葉で丁寧に書き表している作品です。紹介しましょう。

＊この作品は『ビジネス実務マナー検定受験ガイド3級』の「基礎的な敬語を知っている」で紹介したもの。敬語の基本を知るには最良の作品なので，ここにあらためて引用した。

　ある日の事でございます。御釈迦様は極楽の蓮池のふちを、独りでぶらぶら御歩きになっていらっしゃいました。池の中に咲いている蓮の花は、みんな玉のようにまっ白で、そのまん中にある金色の蕊からは、何とも云えない好い匂が、絶間なくあたりへ溢れて居ります。極楽は丁度朝なのでございましょう。
　やがて御釈迦様はその池のふちに御佇みになって、水の面を蔽っている蓮の葉の間から、ふと下の容子を御覧になりました。この極楽の蓮池の下は、丁度地獄の底に当って居りますから、水晶のような水を透き徹して、三途の河や針の山の景色が、丁度覗き眼鏡を見るように、はっきりと見えるのでございます。

（『芥川龍之介全集2』所収「蜘蛛の糸」ちくま文庫）

　いかがでしょうか。ここで芥川は、「お歩きになっていらっしゃいました」「ご覧になりました」と，**正式な形**で書き表しています。これが，**「細かいところまで注意が行き届き，落ち度がない（丁寧である）」**言い表し方の一例です。まずは，この**伝統的な言い方**をしっかり押さえておくことが大切でしょう。丁寧であるとは，人を敬う言葉とは，どういうことなのかを知るためにも。

　なお，芥川はこの作品の中で，「見ていらっしゃいました」という書き表し方もしています。「ご覧になりました」の別バージョンです。そして，これも「人を敬う」言葉遣いです。

　ちなみに，冒頭の「ある日のことでございます」と末尾の「はっきりと見えるのでございます」は，作者（芥川）からあなた（読者）へ直接敬意を表す丁寧語です。お釈迦様に対するものではございません。念のため。

●マナー・接遇●

2 簡単な短い報告，説明ができる

　秘書にとって，上司への報告と説明は重要な仕事の一つです。これが確実にできることによって，その後の上司の仕事（マネジメント）が円滑に運びます。仕事上の重要な判断材料になるからです。そしてこれが上司を手助けするということです。
　では，次の事例からそのことを検討してみましょう。

事例研究② 簡単な短い報告，説明ができる　　　　　　　　　　case study

　秘書A子は，上司へ報告するとき次のようにしている。中から<u>不適当</u>と思われるものを一つ選びなさい。

1) 最初に結論を報告し，その後で理由や経過を説明している。
2) 指示された仕事が長期にわたる場合は，中間で一度報告している。
3) 指示された仕事は，終わったらすぐに終わったことを報告している。
4) 上司にとって好ましくない内容でも，事実をありのまま報告している。
5) 報告することが幾つかあるときは，簡単に済むものから順にしている。

事例解説　　　　　　　　　　　　　　　　　　　　　　　instructions

　いかがでしょうか。**不適当な選択肢は5)** になります。
　上司は，秘書から報告を受けたら，場合によりその報告内容に対応しないといけなくなります。このとき上司は，急ぐものやよくない内容のものからスピーディーに対処していきます。そしてこのことをよく理解している秘書は，どう対応するか。言うまでもなく，急ぐものやよくない内容のものから報告していきます。そう，秘書は決して簡単に済むものから順に報告することはしないということです。
　では，その報告の仕方にはどのようなものがあるでしょうか。それを適切な選択肢から見ていきましょう。
　まず**選択肢1)**。これが報告の仕方の基本です。「まずは**結論から報告する**」，これがビジネスの報告モデルです。上司はこれを聞いて素早く判断する場合もあるでしょうし，必要ならその理由や経過を聞いてくる場合もあるでしょう。だからこそ重要なのです，結論から報告することが。そしてこれがビジネスです。

137

選択肢2) は指示された仕事が長期にわたる場合の中間報告（途中経過）の必要性を述べています。上司は仕事の進捗状況の報告を受け，これで問題がなければ継続の指示を出し，何か問題があれば，アドバイスをするなどして，仕事が滞らないように対処していかなければならないからです。

> ＊指示した仕事は，他の者がしている仕事とも関連があるものだ。そう，上司は全体の仕事を見ながらマネジメントしている。このとき指示した仕事が滞っていたら，全体に悪影響を及ぼす可能性も出てくる。このことを未然に防ぐためにも中間報告は大事であるというわけだ。秘書の判断力が問われるケースでもある。
>
> † 「順調に仕事は処理している。何ら問題はない」と思っても，「なしのつぶて」ではいけないということ。

　選択肢3) は，もう言うまでもないでしょう。ビジネス社会の基本中の基本です。指示されたのですら，報告するのは当たり前というわけです。しかも指示した上司は待っているわけですから，すぐに報告するということになります。

> ＊秘書は「もう終業間近だから，明日の朝にしよう」などとは考えない。終わった仕事は，上司にとっては次の仕事の始まりであることを知っているからだ。「終わったらすぐに報告する」。これが秘書の心得である。

　そして**選択肢4)** ですが，さてこれはどうでしょうか。例えば，取引先からの苦情で上司（会社）が不利な立場に追いやられそうなケースなど，「上司にとって好ましくない内容」の報告は多々あります。でも事実は事実として迅速（スピーディー）に報告する義務があります。会社にとって重大事になることも起こり得るからです。その対策を上司に講じてもらうためにも，まずは報告です。

> ＊言いにくいなどと思わずに，ここは理知的に対応するのがよい。これが結果的に上司のため，会社のためになることもあるからだ。そしてこれが上司と秘書の信頼関係の基になる。

要点整理　　　　　　　　　　　　　　　　　　　the main point

▶ 簡単な短い報告，説明ができる

1 報告

　秘書にとって**報告業務は重要な仕事（ミッション）**です。上司のマネジメント上の重

●マナー・接遇●

要な判断材料の一つになるかもしれないからです。従って，正確に，効率よく，簡潔に報告をしていかなければならないでしょう。

　言うまでもなく，秘書は上司の下で仕事をしているわけですから，ビジネスマンの報告とは違った**繊細さ（気遣い）**が求められます。例えば，「報告事項が幾つかあるときは，（多忙な上司のために）急を要するものや重要なものを先にする」ケースや「報告は結論を先にし，理由や経過は（上司の忙しさを見て）必要に応じて後からする」ケースなどがそうでしょう。また，「会社にとって不利になる情報でも，（改善策を講じてもらうためにも）迅速に報告する」などもそうでしょう。ビジネスには常に**優先順位**(プライオリティー)があるというわけです。出題の意図もここにあります。

> ＊マネジメントに携わる上司の仕事内容や多忙さをよく理解していることが，気遣いのある報告につながるということ。秘書ならではの繊細な感覚(センス)である。

> ＊会社（上司）にとって不利益になる情報は，上司であればそのままにしておくことはない。不測の事態を回避するために改善策を講じるものだ。秘書は上司のこの行動パターンをよく知っているから，「好ましくない内容」でも事実をありのまま報告できるのである。何しろ，上司（会社）が不利益を被ったら先々大変なことになるかもしれない。これを未然に防ぐためにも秘書は迅速に報告するのだ。そしてこれが秘書ならではの深謀遠慮でもある。

2 説明

　報告は，その内容を説明することになります。その意味で報告は説明でもあります。その一例が，選択肢1）の「**最初に結論を報告し，その後で理由や経過を説明している**」ということになるでしょう。

　もちろん説明の仕方は，これだけではありません。例えば，電話で「御社を訪ねたいのだが，どう行けばよいか」と尋ねられたときの受け答え方。さてあなたなら，どのように説明していくでしょうか。その一つを紹介しましょう。

　こんなケースです。

> みなさんは客から電話があって，「そちらへうかがいたいのですが，どう行ったらよろしいでしょうか」と，いきなり尋ねられたらどう答えますか。話になれている人ならほとんどの人が最初に，「お客様はどちらからいらっしゃいますか」と，相手のスタートする基点を尋ね

るはずです。

「町田からでしたら、小田急線で新宿駅までいらっしゃってください。新宿で地下鉄丸ノ内線の池袋行きに乗り換えて、13番目の本郷三丁目までいらっしゃってください。町田から新宿まで約30分、新宿から本郷三丁目まで30分、乗り換えの時間を含めて合計で最低1時間20分くらいかかると思います。ここまではよろしいでしょうか。本郷三丁目の駅は改札口が1か所です。改札口を出られましたら、右へいらっしゃってください。五、六十歩で本郷の大通りに出ます」などと、相手が知っていること、わかっていることを徐々に広げていくやり方をしているはずです。

このように、私たちがあることを理解する過程は、わかっていることを基礎にして、理解の領域を徐々に広げていく方法をとっていることが多いものです。

この既知のことから未知のことへ広げる、わからせ方は、多くの場合に必要なことで、すぐれた説明のモデルの一つと言ってよいでしょう。

（永崎一則著『確かな説明力をつける本』ＰＨＰ研究所）

＊この「優れた説明のモデル」は、『ビジネス実務マナー検定受験ガイド３級』でも紹介されたもの。共通事例である。

＊道順の説明といえば、落語「黄金餅」である。下谷（東上野辺り）から麻布までの道順を事細かく、しかも一気に話していく。途中、上野広小路やら神田やら日本橋やらと、いろいろな町名が出てきてとても分かりやすい。五代目志ん生の「黄金餅」（ポリドール）でどうぞ。

＊思い付くまま、のべつまくなしに説明するのではなく、聞き手が理解しやすい「順序・配列を考えて話すような親切さが必要」（前掲書）だということ。

＊その代表的な例として「時間の経過をたどった配列」がある。「これは地味で平凡のようですが、とてもわかりやすいやり方です」（永崎一則著『魅力的女性は話し上手』三笠書房）。シンプルイズベストというわけだ。トラブルの経過説明（原因から結果へ）や仕事の仕方（手順）の説明など、その応用範囲は広い。

いかがでしょうか。

分かってもらうことを第一に考えた話の仕方、それが説明です。

そして秘書ならではの説明の仕方、それは、「時々、それまでの相手の

●マナー・接遇●

理解を確かめながら説明」を進めていく，この気遣いにあります。ともすると，独り善がりの説明になってしまうこともあるからです。

▶ 出題の視点

　検定問題では，事例研究②の他，報告するとき，説明するときの心掛け，そして話し方の基本心得が出題されています。その基本的な対応例を，次の事例から確認しておいてください。

①報告するときの心掛け
- ◆簡単なことでも数字などはメモしておき，それを確認しながら報告するようにしている。
- ◆報告は事実だけにし，自分の意見や感想は，求められたときだけにしている。
- ◆質問されてもきちんと答えられるように，内容をよく理解してから報告するようにしている。
- ◆報告が一通り終わったら最後に，何か不明な点はないかと尋ねるようにしている。
    - ＊「以上でございますが，何かご不明の点はおありでしょうか」などの言い方になる。
    - †「以上でございますが，これでご理解いただきましたでしょうか」という言い方は不可。「あなたの理解力で私の話が分かったかしら」と，相手の能力を測る（疑う）ような言い方になるからだ。職務を心得た秘書なら，このような言い方はしない。根底に上司に対する謙虚さ(リスペクト)があるからだ。言葉は心である。

　なお，「今日中に報告しておきたいことがあるが，内容が複雑で時間がかかりそうである。上司は今とても忙しそうにしている。このような場合は，①何についての報告かを言って，「今日中に報告したいが都合がよいのはいつか」と尋ねる，②まず，報告に必要なおおよその時間を言って，了承が得られたら，要領よくまとめて報告する，③取りあえず要点を報告し，「詳しいことについては後にした方がよいか」と尋ねる，④要点だけを手短に報告し，「後は文書で報告しようか」と尋ねる，などの方法で秘書は対応しています。

②説明するときの心掛け
- ◆伝わっているかどうか，相手の反応を見ながら説明するようにして

141

いる。
◆重要な箇所は強調した言い方で説明し，場合によっては繰り返している。
◆数字が多い内容のものは，分かりやすくするために別に表やグラフにしている。
◆長い内容のものは断って要約して説明し，必要なら質問を受けるようにしている。

③ **話し方の基本心得**

職場での話し方の基本（秘書らしい話の仕方）

◆歯切れのよい話し方を心掛けること。
　＊「歯切れよく」とは，はっきりした話し方ということ。語尾を伸ばしたり，だらだらした話し方はしないということ。これで信頼は得られない。
◆改まった調子の話し方を心掛けること。
　＊「改まった話し方」とは，「丁寧な話し方（言葉遣い）」ということ。その基本は敬語である。
◆信頼されるような話し方を心掛けること。
　＊頼りなさそうな話し方（声が小さい），早口でせかせかした話し方はしないということである。

話の仕方と職場の人間関係

◆相手の話が途切れたときは，それに関連したことを尋ねるなどして話が続くようにしている。
◆同僚と雑談するときは，丁寧さよりも親しみやすい話し方をするようにしている。
　＊もちろん，砕け過ぎはいけない。「親しき中にも礼儀あり」である。
　　†なお雑談で，自分に興味がない話題の場合でも，その話に加わる努力は必要。
◆上司から砕けた調子で話し掛けられても，同じ調子で受け答えしないようにしている。
　＊言うまでもなく，勤務時間外もきちんとした話し方をすること。もちろん先輩に対しても。でも，同僚や後輩に対しては，多少砕けた調子の話し方でもいいだろう。親しみを込めて。
◆自分だけが中心になって話をすることのないように，相手や周囲の

●マナー・接遇●

　人に気を配るようにしている。
　　　＊まずは相手中心に話の場を持っていくということである。これはとても重要なこと。戒めるべきは，前に紹介した吉野さんの詩，「忌むべきものの第一は／己が己がと言う心」(『吉野弘全詩集（新装版）』青土社）である。
◆社外の人とは，親しくなったからといってなれなれしくせず，失礼のない話し方をするようにしている。
◆相手のことを話すときは，そのことを相手がどのように思うか相手の身になって考えるようにしている。
　　　＊重要な秘書の資質，ヒューマンスキルである。

3 真意を捉える聞き方が，初歩的なレベルでできる

　真意とは，本当の気持ち（意向），本心のことです。しかし，本心を読み取ることは本当に難しい。ではどうすればよいでしょうか。次の事例から考えてみましょう。真意を捉える聞き方ができるようになるための基本ケーススタディーです。

事例研究③　真意を捉える聞き方が，初歩的なレベルでできる　　case study

　秘書A子は新人K子に，秘書の仕事は人との関係の処理が多く，話の聞き方の良しあしが付いて回る。特に真意を捉える聞き方が重要だと次のように話した。次はそのとき話したことである。中から<u>不適当</u>と思われるものを一つ選びなさい。

1) 人は砕けた場での方が思ったことを言いやすいから，雑談などのときの方が真意を聞き取りやすい。
2) 同じ言葉でも人によって別の意味で言う場合もあるから，話全体の中から真意を酌み取ることも必要だ。
3) 人は必ずしも適切な言葉で話をするとは限らないから，話すときの表情や態度からも真意を酌み取る努力が必要だ。
4) 人は思ったことを適切に言い表せない場合も多いから，質問して相手の言いたいことを理解するなども必要である。
5) 人は思ったことをそのまま言っているとは限らないから，言った言葉だけでなくその反対を常に探る心掛けが必要である。

事例解説　　instructions

　いかがでしょうか。**不適当な選択肢は5)** になります。
　確かに，「嫌よ嫌よも好きのうち」などと言いますから，このようなケースもまれにはあるでしょう。でも，言った言葉の反対の意味を事細かく探ってみても，その真意を得ることはなかなか難しいことでしょう。何より，「人は思ったことをそのまま言っているとは限らない」などと決め付けて対応するのは問題です。まずは，相手の言っていることを素直に受け止め，受け入れ，そして深く理解することこそが，真意を捉える第一歩

になるでしょう。「疑いの眼(まなこ)で見るな」ということです。

> *「人間というものは、めいめい勝手な解釈を物事に下し、その物本来の目的とは、まるで見当外れのとり方をすることもありうるからね」(シェイクスピア作／中野好夫訳『ジュリアス・シーザー』岩波文庫)ということもある。このようなことにならないためにも、まずは相手の言葉は丁寧にきちんと聞く必要がある。

では、その真意を捉える聞き方にはどのようなものがあるでしょうか。その基本を適切な選択肢から見ていきましょう。

まず**選択肢3)**。これが聞き方の基本になるでしょう。「目は口ほどに物を言う」とよく言いますが、言葉だけでなく、顔の表情(目)や何げないしぐさなどから相手のいわんとしていることを酌み取っていくわけです。**観察**(マン・ウォッチング)です。

> *マンウォッチングは、「人間行動の真の理解に役立つとともに、人間関係を円滑にし、不必要なトラブルを避けることにも役立つものである」(デズモンド・モリス著／藤田統訳『マンウォッチング』小学館)と同書にある。

選択肢1)は、人の心を**リラックスさせる雑談の効用**を述べています。そして、この和んだ雰囲気の中で会話を進めていくわけです。その意味で雑談は、相手の本心を聞き出すだけでなく、良好な人間関係を築くことにもつながっていくでしょう。重要です。雑談は。

> *齋藤孝さん(明治大学教授)は、その著『雑談力が上がる話し方』(ダイヤモンド社)の中で、「雑談というのは、あなた自身の人間性とか人格とか社会性といったものがすべて凝縮されている」と語っている。
>
> †この雑談力によって、「あなたが人から信頼され、人に安心感を与え、社会性がある人だと評価される。／そしてそこから気持ちのいい関係性やつながりに発展したり、もっと言えば多くの人から愛されたり、仕事などでは大きなチャンスを得ることもある」。なお、ここでいう社会性とは「初対面の人同士でもリラックスして雑談できるような精神の安定感を持っている」ということである。

選択肢4)はよくあるケースではないでしょうか。話し下手というわけでもない。でもうまく言い表せない。はてさて、困りました。聞き手はどうすればよいでしょうか。こうします。「それは、例えばこういうことですか」と例え話を交えながら少しずつ相手の心に近づいていくことです。

> *「言(げん)は意を尽くさず」という孔子の言葉がある。「ことばでは心に思っ

ていることは言い尽くせない」(『新明解故事ことわざ辞典』三省堂) という意味だが，このことをよく理解しておくと相手の話をじっくり聞くこともできるかもしれない。傾聴の精神である。
　　＊根気強く，相手の気持ちを尊重して対応していくことが肝要。このとき「言っていることがよく分かんないよ」などとネガティブな言動をしてはいけない。

　そして**選択肢2)**ですが，これもとても重要な対処の仕方です。一般的に使われている言葉でも，人によって意味解釈が違ったりしていることがあります。そんなとき，「その言葉の意味は違うよ」と言ってはいけない。過ちを正すのが目的ではないからですが，何よりコミュニケーションの不通を起こしてしまい，真意どころではなくなってしまいます。ではどうするか。ここは，全体の話の流れの中から真意を捉える努力が必要になるでしょう。これによって，話し手なりの言葉遣いも分かってくるでしょう。
　　＊「全体から個を知る」。これもヒューマンスキル。
　　＊言葉の意味は，国語辞書に書かれているものだけが全てではないということも踏まえておいた方がよいだろう。人によって，言葉のイメージ，ニュアンス，そして勘違いなどいろいろあるからだ。
　　　†例えば「敷居が高い」という言葉。これは，「すっかりご無沙汰してしまって，○○さんの家に行くにはどうも敷居が高い」などと使う。が，最近は「あの店は高級だから，どうも敷居が高い」などの意味合いで使う人の方が多いそうだ。これを仮に間違った意味で言ったとしても，「行きにくい」程度の意味で使っているのだろうなどと受け取っておいた方がよい。嘲笑，冷笑，あざけりは厳禁。

要点整理　　　　　　　　　　　　　　　　　　　　the main point

▶真意を捉える聞き方が，初歩的なレベルでできる

1 話を聞くということの前提
　若松英輔さん（批評家）は，こんなことを語っています。「**現代人はみな，何かを語ろうと一生懸命だ。聞く前に語ろうとする。よく見る前に口を開く**」と（『君の悲しみが美しいから僕は手紙を書いた』河出書房新社）。
　話し手が見えないのでしょうか。それとも，自分が早く話したいからなのでしょうか。ここには，「**まず相手を理解しようとする**」聞き方の基本，心（リスペクト）がありません。

＊また,「話をしているとき,ほとんどの人は,理解しようとして聞いているのではなく,答えようとして聞いている」(スティーブン・R・コヴィー,ジェームス・スキナー著／川西茂訳『七つの習慣』キング・ベアー出版)という言葉もある。相手が話している間に,もう,自分の言いたいこと話したいことだけが,頭の中で渦を巻いている。これではいけない。「理解してから理解される」ことを常に心に銘記しておくべきだ。

　話を聞くとは,相手の言葉の一つ一つを丁寧に聞くということです。もちろん,その前提にあるのは**相手に対するリスペクトの心**です。そして,**これは人間関係のベーシックなスタイル**でもあります。このことを心に刻み,忘れないようにすれば,真意を捉える聞き方もできるようになるでしょう。

2 観察力

　相手の真意を捉えようとするとき,言葉だけではなかなか理解できないケースがあります。そんなとき,私たちは表情や態度などからその意図,意向を読み取ろうとします。**観察**です。でもこの観察,実際にはなかなかできない。こんな例があります。名探偵シャーロック・ホームズが友人であるワトスン博士に語っているシーンです。

> 「きみは見ているだけで、観察していないんだ。見ることと観察することとは、まるっきり違う。たとえば、玄関からこの部屋へ上がる階段を、きみは何度も見ているね」
> 「ずいぶん見ている」
> 「何度くらい?」
> 「そうだな、何百回と見ているな」
> 「じゃあ聞くが、何段ある?」
> 「何段かだって！　そんなのは知らないな」
> 「そうだろう！　観察していないからだ。見るだけは見ているのにね。ぼくの言いたいのはそこなんだよ。ぼくは17段だということを知っている。見るだけでなく観察もしているからだ。
> 　　(アーサー・コナン・ドイル著／日暮雅通訳「ボヘミアの醜聞(スキャンダル)」
> 　　　　　　　　　　『シャーロック・ホームズの冒険』所収,光文社文庫)

　どうも一般的には,見ているだけのワトスン派が多いような気がしますが,あなたはどうでしょうか。

それはさておき，観察とは物事を注意深く見ることです。ではどこを見るか。細部(ディテール)です。ホームズもこう語ります。「**細部にこそ、事件全体を観察するうえでまさに重要な要素が宿っている**」（「花婿の正体」前掲書）と。

もちろん私たちは探偵ではありません。ビジネスパーソンです。事件の解決を図るほどの高い専門能力を持ち合わせているわけでもありません。でも，**全体を眺めつつ細部にも気を配る**ことによって，相手が何を言おうとしているのか，その解決(ソリューション)の糸口はつかめるようになるでしょう。

そして，相手の言いたいことが分かったら，その心へ深く共感していくことが大切になるでしょう。深い理解を示すのです。これによって良好なコミュニケーションを築いていくこともできるでしょう。出題の意図もここにあります。

>＊「聞く」ということ。それは話し手への理解と共感を示すために「聴く」ということ。決して，反論（対立）するために聞くのではないということ。

▶ 出題の視点

検定問題では，事例研究③の他，基本的な話の聞き方が出題されています。その基本的な対応例を，次の事例から確認しておいてください。

聞き方の基本心得

- ◆忘れないでおきたい話は，メモを取りながら聞いている。
- ◆相手の話に疑問を感じても，途中で口出しはしないで聞いている。
- ◆話の区切りのよいところで，よく理解できなかった箇所の確認などをして，相手が安心して話せるようにしている。

> ＊話の区切りのよいところで確認するということは，相手の話の腰を折らないで済むということ。

> ＊そして，「相手が安心して話せるようにしている」ことの意味は重要である。なぜなら，よく分からなかった箇所への確認（質問）は，「あなたの話はきちんと聞いています。でも，内容をもっとよく理解したいために確認したいところがあります」というポジティブなメッセージになるからだ。すると相手は「私の話をきちんと聞いていてくれた。だからこその確認だろう。」ということになる。何かにつけ説明する側は，「本当にきちんと聞いているだろうか。理解してくれているだろうか」と，それこそ不安でいっぱいだからだ。この区切りのよいところでのタイムリーな確認は，先を続ける上でも話し手に安心感を与えることになると

いうわけだ。
> †この聞き方は，3級ではレベルの高いものだ。が，これが基本であり，基本が一番難しいゆえんでもある。聞き手がよく話を聞いていなければこのようなことはできない。秘書ならではの細やかな心配りであり，秘書検定ならではの「聞き方のスキル」である。
> †そしてこれが，説明をする側と聞く側との基本心得でもある。

◆相手の顔を見て，相手が話しやすいようにうなずきながら聞いている。
> ＊このとき，相手が楽しそうに笑ったときは，自分も一緒になって笑うことも大切なコミュニケーションである。そう，「笑顔の相づち」である。

◆話に賛成できないものがあっても，それを表すような態度をとらずに聞くようにしている。
> ＊これができるのも，人それぞれ考え方が違うということを認識しているからである。これもとても重要な秘書の資質である。

◆まだ話がありそうなときは，「それでどのようになったのですか」などと，話を続けやすくするようにしている。

4 注意, 忠告が受けられる

　注意や忠告を受けるときの基本,それは相手が誰であれ,話をきちんと聞き,今後の仕事に生かしていく。このことが重要になるでしょう。これが注意,忠告が受けられるということです。

　でもこれが意外に難しい。なぜでしょうか。人はいつでもビジネス的に冷静に聞いているとは限らないからです。

　あなたが注意を受けたとき,どのような心理になるでしょうか。次の基本事例から確認してみましょう。心の動き(感情(エモーション))のケーススタディーです。

　＊ここでの「注意」と「忠告」は,ほぼ同義と捉えてよい。

事例研究④　注意, 忠告が受けられる　　　case study

次は秘書A子が,注意を受けるときの心掛けについて先輩から指導されたことである。中から不適当と思われるものを一つ選びなさい。

1)　何を注意されたかということよりも,誰に注意されたのかを重要視すること。
2)　全く身に覚えのない注意なら,それはその場で言うべきだが,感情的にならないこと。
3)　注意されたことをどのように直せばよいか分からないときは,その場で教えてもらうこと。
4)　注意の内容に多少の言い分があっても,素直に受け,言い訳がましいことは言わないこと。
5)　注意されたことを繰り返さないようにすればよいのだから,いつまでもくよくよと気にしないこと。

事例解説　　　instructions

　いかがでしょうか。**不適当な選択肢は1)**になります。

　では,なぜこの考え方が問題なのでしょうか。それは**「誰に注意されたかではなく,何を注意されたのかということ」**を何より第一に考えるべきだからです。注意した人は,A子に直してほしいところがあったからこそ言っているのです。特に自分の不注意で注意されたときは,素直に反

省し，その後の仕事に生かしていかなければなりません。重要なことは，**「何を注意されたかをきちんと理解する」**ということ。そして，「そのことに対して何をするべきか」を考えることです。ここが重要視するべきところでしょう。

> *そう，「部長に注意されたのだから気を付けなきゃ」とか「同僚の注意だから，まあ，適当に聞いておけばいいや」などと区別してしてはいけないということ。
>
> *きちんと注意を聞くことができるということは，部門のためにも会社のためにも，そして自分のためにもなるということ。これがビジネスパーソンとしての態度。注意の内容は全て仕事に関係していることだからである。

このことをきちんと理解していれば，**選択肢3）**や**選択肢4）**のように素直に教えを請う態度をとることができ，また，注意の内容に多少の言い分があっても，素直に受け，言い訳がましいことを言うこともなくなるでしょう。コミュニケーションです。そしてこれができていれば，全く身に覚えがない注意でも，感情的にならずに相手を尊重した**選択肢2）**の対応ができるようになるでしょう。

なお注意を受けたとき，落ち込んだ気持ちになるときがあります。でも，そのことをいつまでも引きずっていては仕事になりません。せっかく注意してくれた人との関係も築けなくなるでしょう。ここは，注意は注意と割り切り，ビジネス的に対処していく**（注意してくれた人への期待に応えていく）**のがよいでしょう。**選択肢5）**はその戒めです。

要点整理　　　　　　　　　　　　　　　the main point

▶ 注意，忠告が受けられる

1 注意，忠告が受けられるということ

トマス・ア・ケンピスの言葉に**「誰がそういったか、をたずねないで、いわれていることは何か、に心を用いなさい」**というものがあります。これが注意，忠告（アドバイス）を受けるときの基本心得でしょう。

でも時に，「それって，誰が言ったの。ねえ誰なのよ」などとお門違いのこと言ってしまう。そして相手によっては，「あの人（あなた）だけには言われたくない」などと好き嫌いの感情で反応してしまう。こんなことって，ないでしょうか。感情の世界です。

ではどうすればよいか。

とても難しいことです。難しいことですが，ここは「注意の内容がどんなことであれ，注意してくれた人は，自分を気遣って（気に掛けて）アドバイスをしてくれたのだ。感謝しなければ」と考えていくべきでしょう。**感謝**(リスペクト)の心です。そしてこの心が根っこにあれば，「いわれていることは何か」に気を配って聞くことができるでしょう。秘書ならではのインテリジェンスです。出題の意図もここにあります。

  ＊トマス・ア・ケンピス著／大沢章，呉茂一訳『キリストにならいて』（岩波文庫）による。
  †「心を用いる」とは，気を配る（配慮する），注意するなどの意味。
＊納得がいかない場合でも，その場で反論するのではなく，「心の保留ボタン」を押してじっくりと考える必要がある。これは真意を捉える聞き方でもある。
＊気に掛けることすらしない人は，注意，忠告などはしない。無関心だからである。この場合の注意はあなたのためを思ってしてくれているのだから，ここは感謝の気持ちをもって対応すべきであろう。秘書としての人柄の表れである。
＊なお，注意，忠告をするふりをして，小さな意地悪を仕掛けてくるケースもなくはないが，これはあまり気にしない方よい。いろいろな人がいての職場である。

2 注意，忠告を受けるということ

『論語』に，「過(あやま)てば即ち改むるに憚(はばか)ること勿(な)かれ」という言葉があります。これは，「過ちがあれば，すなおに認めてすぐさま訂正することだ」という意味です。注意，忠告を受けたら虚栄心は捨て，スピーディーに対処していくということです。「過(あやま)ちて改めざる、是(これ)を過ちと謂(い)う」と言われないためにも。

 ＊貝塚茂樹訳注『論語』（中公文庫）による。
 ＊素直に認めてすぐさま訂正すれば，落ち込むこともなく，後に引きずることもなくなるだろう。行動が，落ち込んだ気持ちを前向き(ポジティブ)な心へと変えてくれるからだ。

▶ 出題の視点

検定問題では，事例研究④に見られるように，「注意，忠告の受け方」を中心に出題されています。あらためて，確認しておいてください。

4 交際の業務

1. 慶事, 弔事に伴う庶務, 情報収集と簡単な処理ができる。
2. 贈答のマナーを一般的に知っている。

1 慶事, 弔事に伴う庶務, 情報収集と簡単な処理ができる

　立場上, 上司には慶事・弔事に関する情報も頻繁に入ってきます。一例を挙げれば, 新社屋落成記念パーティー出席への案内（慶事）や取引先社長逝去の連絡（弔事）などがそうです。

　このとき秘書は, どう対処しているでしょうか。上司の指示に従い, 慶事・弔事に伴うもろもろの仕事（庶務）をしています。多忙な上司に代わってこまごまとした雑務を引き受けているわけです。

　ではその仕事にはどのようなものがあるでしょうか。次の弔事の事例から検討してみましょう。

事例研究① 慶事・弔事に伴う庶務, 情報収集と簡単な処理ができる　case study

　秘書A子は上司から,「友人の家族に不幸があって告別式に参列するので, 香典袋を用意してもらいたい」と言われた。次は, A子がこのとき上司に確認したことである。中から不適当と思われるものを一つ選びなさい。

1) 金額は幾らと書くか。
2) 現金を入れておこうか。
3) いつまでに用意するか。
4) 上司名に役職名を付けるか。
5) 「御霊前」の上書きでよいか。

事例解説　instructions

　いかがでしょうか。**不適当な選択肢は4)** になります。そのポイントは, 香典袋に役職名を付けるかどうかにあるでしょう。

　　　＊香典袋とは, 葬式の際などに金品を入れて包むもの。不祝儀袋。

　役職名はいわば職名ですから, 会社内か外に対しては会社に関係ある

●マナー・接遇●

仕事のときに言ったり使ったりするものです。この場合は友人ということで，会社に関係がない人の告別式の香典です。従って，役職名を書くかなどと確認するのは不適当ということでしょう。

> ＊Ⅱ－(1)「秘書的な仕事の機能」を確認のこと。上司の私的(プライベート)な交際について，その対処の仕方とその意義を解説している。

では適切な選択肢から，「上司の私的交際」における秘書の心配りを見ていきましょう。

上司は「香典袋を用意してもらいたい」と言っています。普通なら香典袋を渡せばそれで済むケースです。が，上司の私的交際をサポートする秘書はそのようなことはしない。「私の方で全て用意いたしますので」と言って庶務を引き受け，**選択肢の1)から3)**，そして**選択肢5)**の確認をします。

> ＊選択肢2)のケースは，上司から預かることになる。
> ＊選択肢5)の確認は重要である。葬儀の形式（仏式，神式，キリスト教式など）によって上書きの書き方が違ってくるからである。なおここで秘書が「ご霊前でよいか」と確認したのは，葬儀の形式に関わらず共通に使えるといわれているからである。弔事に関する知識(インテリジェンス)があればこその判断である。
> †神式は，「御榊料」「御神前」と書き，キリスト教式では「御花料(おはなりょう)」と書く。
> ＊事務担当の者が，部長からこのようなことを言われた場合，秘書と同じような対応ができれば最高である。「秘書的な仕事の機能」の発揮である。学ぶべきは，そして期待されているのはこのセンス。

要点整理　the main point

▶ **慶事，弔事に伴う庶務，情報収集と簡単な処理ができる**

1 慶事，弔事の庶務で重要なこと

慶事には心からの祝福を。そして弔事には心から哀悼の意を表す。これが**慶弔時における心の作法**です。そしてこの心があれば，上司の名前も丁寧に書くでしょうし，お札もきちんとそろえて丁寧に入れるでしょう。これが上司の交際業務を支える秘書の心配りというものです。

慶事，弔事の庶務は，この丁寧さ，心が大事です。出題の意図もここに

あります。

> ＊丁寧に包まれた香典袋を実際に受付に出すのは上司である。そしてこのこと一つとっても友人に対する哀悼の心を表すことができる。

2 慶事，弔事のしきたりを知る

そしてもう一つ，大切なことがあります。それが慶事・弔事のしきたり（作法）の正しい理解です。秘書はこの知識に基づいて，上司のために適切な準備と手配をしています。

例えば弔事の場合。

上司は急に葬式に参列することがあります。秘書はこのとき困らないように，数珠（じゅず），不祝儀袋，不祝儀袋を包むふくさ（絹の小さな風呂敷），黒のネクタイ等を用意しています。これ全て参列する際にはなくてはならないもの。形式（マナー）です。庶務を滞りなく進めるための基本知識です。

> ＊「ふくさ（袱紗）」とは，絹の小さな風呂敷のこと。香典は故人のご霊前に供えるもの。失礼のないように，丁寧に哀悼の意を込めてふくさで包む。これがふくさの重要な役割。

3 慶事，弔事と情報収集

それでは情報収集とは何か。慶事，弔事のしきたりの知識を得，実践できることです。これによって祝意，哀悼への思いは深くなっていくでしょう。なぜなら，しきたり（形式）は，そのまま，祝意，哀悼の心を表しているからです。秘書の教養（ソーシャルインテリジェンス）です。

> ＊もちろん，取引先の弔事や慶事の話を聞いたら，その真偽を確認し，それが本当ならすぐ上司に報告する，これも情報収集として大切なこと。
>
> †例えばこれが弔事なら，①亡くなったのは誰か，②葬儀の形式，③葬儀はいつ行われるか，などの情報収集は必要である。

▶ 出題の視点

検定問題では，事例研究①の他，以下のような事例が出題されています。その基本を，次の事例から確認しておいてください。

①葬儀に参列するときの身だしなみ

秘書A子は，上司の家族の葬儀に参列することになった。このような場合での服飾はどのようにすればよいか。

◆指輪は，結婚指輪は別としてしない方がよい。

◆靴は黒色で、飾りのないシンプルなものがよい。
◆ストッキングは、黒色のものがよい。
◆服の色は黒が無難だが、濃い紺色やグレーでもよい。
　　＊葬儀に参列する際の服装としては、黒色のワンピースかスーツが一般的。
　　　†日本は明治の時代になるまで喪服は白色だった。戦国時代に来日した宣教師ルイス・フロイスはこう語っている。「われわれは喪に黒色を用いる。日本人は白色を用いる」（ルイス・フロイス著／岡田章雄訳注『ヨーロッパ文化と日本文化』岩波文庫）と。
　　　†そして同じ宣教師のアレシャンドゥロ・ヴァリニャーノは、「白色はわれわれにとって楽しい、喜ばしい色であるが、彼ら［日本人］にとっては喪の、また悲しみの色である。彼らは黒色と桑実色とを楽しい色としている」（前掲書）と言っている。文化風習の違いであろう。
◆化粧は控えめにし、マニキュアをするなら透明なものがよい。
◆ハンドバッグはショルダー型でない、黒色で光沢のないものがよい。
◆アクセサリーは、着けるなら一連の真珠のネックレス程度がよい。
　　＊真珠は、その形から会葬者の「涙」を象徴しているとされるからである。なお、真珠のネクタイピンは、「涙の滴」に形容されている。その一つ一つに意味があるわけだ。
　　　†会葬者とは、葬儀に参列する人のこと。弔問客。

②**弔電を打つ**

秘書Ａ子は上司から、「取引先の人の家で告別式があるが列席できない。私の名前で弔電を打っておいてもらいたい」と指示された。ここで上司に確認しなければならないことは何か。

　　＊弔電とは、遺族にお悔やみの言葉（弔意）を伝える電報のこと。

◆亡くなったのは誰か。
◆弔電の宛て先（住所、氏名）。
◆台紙の種類はどのようなものにするか。
　　＊高価なものから一般的なものまで各種ある。まずは確認である。
◆電文は電報文例の中のものでよいか。
　　＊電報文例には「承りますれば、○○様ご逝去の由、ここに謹んでお悔やみ申し上げます」などがある。なお、上司が電文を作る場合もあるので、ここでの確認は重要。

③弔事に関する用語

- ◆会葬 ＝ 葬儀に参列すること。
- ◆遺族 ＝ 亡くなった人の家族のこと。
- ◆供花(きょうか) ＝ 仏前に花を供えること。またはその花のこと。
- ◆弔辞 ＝ 亡くなった人を弔い、その前で述べる悔やみのこと。
- ◆訃報(ふほう) ＝ 人が亡くなったという知らせ。
- ◆弔問 ＝ 遺族を訪ねて悔やみを言うこと。
- ◆喪中 ＝ 亡くなった人の身内が他との公的な交際を避ける期間。
- ◆香典 ＝ 霊前に供える金品のこと。
- ◆法事 ＝ 死者の冥福を祈るための行事のこと。追善供養。
- ◆喪章 ＝ 死者を悼み、弔う気持ちを表すために付ける黒い布やリボンのこと。
- ◆社葬 ＝ その会社が施主となって行う葬式のこと。
- ◆喪主 ＝ 葬式を行うときの主催者のこと。
- ◆昇天 ＝ キリスト教で死去のこと。
- ◆献花 ＝ 神前、霊前などに花を供えること。

　　　＊その他、告別式（故人に別れを告げる式）などの用語も出題されている。

④慶事に関する用語

- ◆祝宴 ＝ 祝い事のときの宴会のこと。
- ◆祝電 ＝ 祝い事に対して打つ電報のこと。
- ◆祝辞 ＝ 記念式典などで述べる祝いの言葉のこと。
- ◆祝詞(のりと) ＝ 神前結婚式などで神官が述べる祝いの言葉のこと。
- ◆祝儀 ＝ お祝いの儀式のこと。また、婚礼、お祝いのときの金品、お祝いのチップのこと。

　　　＊慶事には祝儀袋を使う。これで祝い金や心付けなどを包んでいくわけである。

⑤会社の新社屋落成記念パーティーで受付を担当したとき

- ◆コートを持ったまま受付に来た客には、クロークに預けるよう勧めた。
- ◆開始時間に遅れて来た客には、始まっているからと言って会場の中まで案内した。
- ◆客には胸章を着けてもらうことになっていたので、「失礼いたしま

す」と言って相手の胸に着けた。
- ◆祝い金は受け取らないように言われていたので,差し出す客にはもらわないことになっていると言って断った。

⑥ 記念パーティーに出席するとき

秘書Ａ子は上司の付き添いで,取引先社長の出版記念パーティーに出席することになった。パーティーは6時からなので,その日は普段通りに仕事をしてからということになる。ではこの日の服飾はどのようなものにすればよいか。

- ◆洋服はオーソドックスなスーツにし,ブラウスを華やかなデザインのものにしよう。
- ◆化粧は出掛けるときに,いつもより明るく目鼻立ちがはっきりするようにし直そう。
- ◆靴は少し高めで細いヒールの方が足元がすっきり見えるので,それに履き替えることにしよう。
- ◆髪はお辞儀をするとき邪魔にならない長さなので,終業時間になったらまとめていたのをほどこう。

Column

悲しみの心

悲しみの心を表す

　一連の真珠のネックレスは，その形から会葬者の「涙」を象徴し，真珠のネクタイピンは「涙の滴」に形容される。

　そんな事例を前に紹介しました。

　そして深い悲しみを，こんな言葉で表している人がいました。弘法大師空海です。一番弟子であり甥でもある智泉を失った深い悲しみが，繰り返しの言葉に表れています。

　哀なる哉、哀なる哉、哀なる中にも哀なり。悲しき哉，悲しき哉。悲の中の悲なり。
　哀なる哉、哀なる哉、復哀なる哉。悲しい哉，悲しい哉，重ねて悲しい哉。

（渡邊照宏，宮坂宥勝校注
**　　　　『三教指帰 性靈集 日本古典文學大系71』岩波書店）**

　そういえば，孔子も最愛の弟子を亡くした時，同じ言葉を繰り返すことでその悲しみを表していました（「先進篇」『論語』所収）。

　人の死を悲しみ嘆くこと。これを「悼む」といいます。そして私たちは弔問の席などで，「ご遺族様のご悲嘆はお察しするのも悲しい限りでございますが」などと哀悼の意を表します。でも，これが慰めの言葉として，本当に伝わるかどうかはなかなか難しいところでしょう。遺族の「かなしさは疾走する。涙は追いつけない」からです。悲しみは深いのです。

　　　＊引用の「かなしさは疾走する。涙は追いつけない」は，『モツァルト』からのもの。これは「弦楽五重奏曲第4番ト短調（K．516）第一楽章」の第一主題をテーマにしての一文。
　　　†『小林秀雄全作品15 モオツァルト』（新潮社）

　ではどうするか。哀悼の意を表した後，言葉少なに語る遺族の言葉に耳を傾けることです。故人のことを繰り返し語る言葉の中に悲しみを感じ取るこ

とです。そしてその心に黙って寄り添うことです。秘書ならこれができるんです。人柄のよさ，インテリジェンスがこうさせるのです。

＊秘書は会社で上司に従い，上司のために全ての雑務を引き受けている。この仕事の蓄積が，他のいろいろな場面で発揮される。葬儀の場でもそう。悲しみに沈んでいる遺族のことを第一に考え，言葉を掛けている。そしてその態度は会社にいるときと変わらない。「人に尽くす」態度である。秘書の秘書たるゆえんである。

2 贈答のマナーを一般的に知っている

　贈り物には，日頃の感謝の気持ちを込めてのお中元やお歳暮，仕事で世話になった人へのお礼の品，さらには病気やけがで入院した人への見舞品などがあります。

　そして品物を贈る人は，相手のことをいつも気に掛けている，そんな心があるのです。その心があればこそ，相手のことを配慮したマナーが大切になってくるのです。

　では，この贈答のマナーとはどのようなものでしょうか。次の病気見舞いの事例から検討してみましょう。

事例研究② 贈答のマナーを一般的に知っている　case study

　秘書Ａ子は上司（部長）から，「入院した課長の見舞いに行くので，適当な見舞品を準備してもらいたい」と指示された。次はＡ子が見舞いの品として考えたものである。中から不適当と思われるものを一つ選びなさい。

1）　ギフト券
2）　健康食品
3）　図書カード
4）　ＣＤ（希望を尋ねた上で）
5）　読み物（希望を尋ねた上で）

事例解説　instructions

　いかがでしょうか。**不適当な選択肢は2）**になります。

　入院している人への見舞品ですから，ここは病気や治療に差し支えないものになるでしょう。でも，食品は一般的には病院の管理下にあるものですから避けた方が無難です。確かに健康食品は，健康のためにあるのですが，そうはいっても，食品の類だからここは避けたほうがよいというわけです。

　ではどのようなものがよいでしょうか。相手が自分の好みで購入できる**選択肢1）**のギフト券や**選択肢3）**の図書カードなどが，また，相手の希望を尋ねた上での**選択肢4）**のＣＤ，**選択肢5）**の読み物などでもよいでしょう。

●マナー・接遇●

　いずれにせよ，贈り物をする上での基本は，相手が心から喜ぶもの，そして体調に影響を及ぼさないものが第一です。

> ＊避けた方がよい見舞い品として，香りの強い花，鉢植えの花などがある。また，食べ物は病気によっては制限されているケースもあるので，よく確認してから持っていくのがよい。

要点整理　　　　　　　　　　　　　　　　　　the main point

▶贈答のマナーを一般的に知っている

1 贈答の意味

　贈答とは，品物などを贈ったり，そのお返しをしたりすることです。そしてここにあるのは**お礼（感謝）の気持ち**です。「礼は往来を尚ぶ」というわけです。まずはこのことを理解しておきましょう。「**贈答とは単なるモノのやりとりではない。特定の機会に贈りものをやりとりする儀礼的行為である**」（**伊藤幹治著『贈答の日本文化』筑摩書房**）。そう，贈答は虚礼ではない，儀礼であるということを。

> ＊「礼は往来を尚ぶ」とは，贈り物をもらったらお返しをするというように，受けたら返すことが礼儀であるということ（『新明解故事ことわざ辞典』三省堂）。古くからある習俗（文化）なのである。一時期，これを虚礼として廃止しようとした動きがあったが，何ということはない。廃れることなく今日まで続いている。なお「虚礼」とは，うわべだけで誠意，真心が伴わないこと。
>
> > †事例研究②でいうと，課長は病気が全快したら，見舞いのお礼（気遣ってくれたことへの感謝）として部長にお返しをする。「**快気祝**」である。快気祝いとは，病気が全快したとき，見舞いをしてくれた人に贈り物などをして，お礼の気持ちを表すこと。ちなみにプレゼントの意味は，「あなたを気遣っています（気にしている）」という深い思いにあるそうだ。

2 贈答のコミュニケーション

　でも，贈答で一番重要なこと。それはお礼（感謝）の気持ちとともに，**互いに敬意，信頼，気遣いを取り交わしている**ことにあるでしょう。これによって対人関係や社会的な関係を円滑に運ぶことができるからです。**最高の贈答のマナー**です。

　特に秘書は，部長から「適当な見舞品を準備してもらいたい」と言われ

たとき，この心（「課長の容体はどうなのだろう。心配だな」という気遣い）を忘れないようにして品を選んでいます。出題の意図もここにあります。

  ＊「互いに敬意が取り交わされる」は，マルセル・モース（文化人類学）の『贈与論[新装版]』（勁草書房）等で学んだ。
  ＊決して，「お歳暮は真心よりも下心」（『平成サラリーマン川柳傑作選』講談社）などと考えてはいけないということ。何より敬意が置き去りにされているからだ。

▶ 出題の視点

　検定問題では，事例研究②の他，以下のような事例が出題されています。これにより「贈答のマナー」の基本を確認しておいてください。

世話になったお礼

秘書Ａ子は夕方，出張から戻った上司から「Ｓ社の営業部長に世話になったので，お礼に何か贈ってもらいたい」と言われた。このときＡ子は，上司にどのようなことを確認すればよいか。

◆予算は幾らぐらいか。
◆手配は明日でもよいか。
◆上書きは「御礼」でよいか
◆礼状も用意した方がよいか。
◆送るのは会社宛てでよいか。
◆送る品はお菓子のようなものでよいか。

  ＊「希望する品はあるか」「特に贈りたい品はあるか」などと尋ねてもよい。

●マナー・接遇●

記述問題　an essay question

「Ⅳマナー・接遇」と「Ⅴ技能」では，記述形式での問題も出題されています。ここでは，その事例を検討してみましょう。選択問題をどの程度理解しているかを見る，いわば**総合実践問題**です。

＊選択問題の一つ一つを確実に理解していれば，十分に対応できる。

事例研究①-1　来客応対のマナー　case study

次は秘書A子が行った，来客（F社鈴木一郎氏）への応対である。（　　　）内に，適切な言葉を答えなさい。

1) 名刺を受け取るとき
   名刺の文字に指がかからないようにして，胸の高さで（　a　）で受け取り，「（　b　）」と言って名前を確認した。
2) 応接室へ案内するとき
   「（　a　）」と言って鈴木氏の（　b　）を歩き，応接室へ入ったら，「（　c　）」と言って待ってもらった。

解答例　an answer example

1) a　両手　　b　F社の鈴木一郎様でいらっしゃいますね
2) a　ご案内いたします　　b　斜め前
   c　少々お待ちくださいませ

＊1) bは「F社の鈴木様でいらっしゃいますね」でもよい。

なお，来客を迎えるときの丁寧な言い方は「**わざわざおいでいただきまして（お越しいただきまして），ありがとうございます。ただ今応接室にご案内いたします。こちらへどうぞ**」となります。

165

事例研究①-2　応接室でのマナー　　　　　　　　　　　case study

次は秘書Ａ子が，来客と上司にお茶のお代わりを入れようとしている絵であるが，上司が困った顔をしている。①それはなぜだと思うか。②Ａ子はどのようにすればよいかを答えなさい。

解答例　　　　　　　　　　　　　　　　　　　　an answer example

① お茶のお代わりを急須から茶わんにつごうとしている。
② お茶のお代わりを出すときは，先に出した茶わんを下げてから，新しく入れて持ってきたお茶を出す。
　　　＊これは「気付き」の問題である。

●マナー・接遇●

事例研究② 取引先への言葉遣い（電話） case study

秘書Ａ子の上司（山田部長）のところに，取引先から電話がかかってきた。上司は今，別の電話に出ているが，すぐ終わりそうである。このような場合，取引先にどのように言えばよいか。次の下線部分に適切な言葉を答えなさい。

「申し訳ございません。_____a_____山田（部長の山田）は，ほかの電話に_____b_____が，間もなく終わると思いますので，少々_____c_____」

解答例 an answer example

a　ただ今・あいにく
b　出ております
c　お待ちいただけませんでしょうか
　　お待ちくださいませんでしょうか

事例研究③-1 上司への言葉遣い（報告） case study

次は，上司に報告をするときの言葉である。下線部分に適切な言葉を答えなさい。

1）報告に入る前に
　「ご報告_____a_____ことがございますが，ただ今お時間は_____b_____」

2）報告が終わったときに
　「ご報告は_____a_____でございますが，ご不明な点は_____b_____でしょうか」

解答例

1) a 申し上げたい・いたしたい
   b よろしいでしょうか
2) a 以上
   b おあり・ございます

事例研究③-2　上司への言葉遣い

次は，秘書A子が上司（部長）に言った言葉遣いだが，下線部分が不適切である。それぞれを適切な言葉遣いに直して答えなさい。

1) 「昼食は，何をいただきましたか」
2) 「こちらの資料を拝見してくださいませんでしょうか」
3) 「部長が申された資料とは，こちらのことでしょうか」

解答例

1) 召し上がり
2) ご覧（になって）
3) おっしゃった・おっしゃいました

事例研究④　秘書の対応

秘書A子の上司は山田営業部長である。次のような場合，A子は上司のことをどのように言えばよいか。適切な言い方を（　　）内に答えなさい。

1) 上司に，宣伝部長からの電話を取り次ぐとき
   「（　　），宣伝部長からお電話でございます」
2) 上司が外出中に，来客があったとき
   「（　　）は，ただ今外出いたしておりますが」
3) 上司が会議中に，上司の家族から電話があったとき
   「（　　）は，ただ今会議中でございますが」

解 答 例

1） 部長
2） （部長の）山田
3） （山田）部長（さん）

第 V 章

技 能

1. 会議
2. 文書の作成
3. 文書の取り扱い
4. ファイリング
5. 資料管理
6. スケジュール管理
7. 環境，事務用品の整備

1 会議

1. 会議に関する知識，および進行，手順について初歩的な知識がある。
2. 会議について，初歩的な計画，準備，事後処理ができる。

1 会議に関する知識，および進行，手順について初歩的な知識がある

　会議は，仕事に取り組んでいく上での情報の伝達と共有，その確認などを目的として行われています。また会議には，社外の人を招いての会議や社内の担当者を集めての部内会議など，数多くの種類があります。

　そして，この会議の中心(メイン)は上司です。では秘書はこのとき何をするべきでしょうか。会議の連続である上司に対して，落ち度のないよう**万全の準備**をすることです。そのためには会議に関する全般的な知識も必要でしょう。またこのことを踏まえての準備の段取りもミスのないように対処もしていかなければなりません。これが秘書に与えられた重要な役割です。

　では上司から，「急なことだが今から部内会議を行いたいので準備をするように」と言われたとき秘書は，どのような順序（段取り）で対処していけばよいでしょうか。次の事例から検討してみましょう。

　　　＊この場合の「進行，手順」は，「順序・段取り」と理解しておいてよい。そしてその意味は，会議がうまく運ぶように，前もって手順を調えることにある。そのためには，会議はどのようなスタイルで行われるのかなどの知識も必要になってくる。

事例研究① 会議に関する知識，および進行，手順について初歩的な知識がある　case study

　秘書Ａ子は上司（部長）から，急なことだが今から部内会議を行いたいので準備をするようにと言われた。次はこのときＡ子が行ったことである。中から<u>不適当</u>と思われるものを一つ選びなさい。

1) 上司に，声を掛けるのはいつものメンバーでよいかと確認した。
2) 上司に，資料のコピーなど準備するものはあるかと確認した。
3) 上司に，会議中の来客や電話の対応はどのようにするか確認した。

4) 上司に時間はどのくらいかかるかを尋ね，会議室の手配をした。
5) メンバーに連絡し，欠席の人は上司に直接申し出て理由を言うように頼んだ。

> 事例解説   instructions

いかがでしょうか。**不適当な選択肢は5)** になります。

それはなぜか。この場合部内会議の準備はＡ子の仕事ですから，欠席の人がいたらＡ子が理由とともに上司に伝えることになる。欠席の当人に上司に直接申し出るように頼むなどは，仕事の仕方が違っていて不適当ということです。

> ＊部長付き秘書がいない場合なら，欠席者は直属の上司に欠席する旨を理由とともに伝えることになる。

では適切な選択肢から，**部内会議の準備をするに当たって，どのような順序（手順）で行えばよいか**を見ていきましょう。上司が会議をスムーズに運営できるようにするための確認です。

選択肢1) は，会議への参加メンバーの確認です。部内の会議ですから，メンバーは決まっているでしょう。でも，上司は会議の内容によっては他の担当を参加させるかもしれない。そのための基本的な確認です。

> ＊「いつもと同じメンバーだろう」と勝手に決め付けてはいけない。秘書ならではの確認の仕方である。

選択肢2) は，資料のコピーなど準備するものはあるかどうかの確認です。会議に資料は付き物ですが，これはそのことを踏まえての確認でしょう。

また**選択肢3)** も事前に確認しておかなければならないことの一つです。会議中に来客や電話が入ったときの対応の仕方を確認しておけば，上司はそれに煩わされることもなく会議に集中できるからです。これが秘書の仕事です。

> ＊上司には，来客の訪問や取引先からの電話も多い。そのための事前の確認である。

ところで**選択肢4)** ですが，秘書はここで上司に会議の時間を尋ねています。なぜでしょうか。会議の使用時間を社内ネットワークの「会議室の予約」に日時を登録し会議室を確保する必要があるからです。そしてこれ

も重要な準備の一つでしょう。

要点整理　　　　　　　　　　　　　　　　　　　the main point

▶ **会議に関する知識，および進行，手順について初歩的な知識がある**

1 秘書が会議を準備するということ

　上司が主催の会議の場合，秘書はその全ての準備を行い，上司が会議に集中できるようにします。そう，上司が会議の進行（運営）をスムーズに行えるようにするわけです。そのために秘書は，参加メンバーの確認，会議資料の有無，来客や電話への対応の仕方など，会議に伴うありとあらゆることを確認します。**全方位への気配り**です。出題の意図もここにあります。

2 会議の知識（用語）

　会議の準備をするに当たっては，会議に関する知識も必要です。この会議の知識がなければ，会議の準備すらできない場合もあるからです。

　例えば，上司が社外の会議（定例）に出席するとき。

　秘書は，前回の会議の**議事録**を用意しています。議事録には，次回に持ち越された議題などが記録されているからです。議事録の意味とその議事録にはどのような内容が記載されているのかを知らなければ，用意すらできないでしょう。それぐらい知識は重要だということです。

　では，会議に関する用語とその意味を，次の一覧から確認しておきましょう。よく出題される用語例です。

議　　題	会議で話し合うテーマ（タイトル）のこと。「7月度の販売計画について」「人事採用計画」などがある。
議　　事	会議で協議される事項（話し合う内容）のこと。「7月度の販売計画について」の議題（テーマ）に従い，例えば，①販売促進のための展示即売会の実施②販売商品③広告宣伝の方法，などが具体的に話し合われる。
議 事 録	会議内容の記録のこと。①議長名②開催日時③出席者④審議事項（話し合われた事項）⑤決定事項⑥次回に持ち越された議題⑦会議録作成者（書記）などが記録される。

書　　記	会議の内容を記録する人のこと。
議　　長	会議の議事進行に責任を持つ人のこと。役職者だけが議長を務めるとは限らない。担当者が交代で議長を務める場合もある。
定例会議	定期的に行われる会議のこと。部長会議や課長会議，担当者連絡会議などがある。

▶ 出題の視点

検定問題では，事例研究①の他，次のような事例が出題されています。確認しておいてください。準備をする際の手順，段取りのケースです。

①会議の案内状

秘書A子は，上司主催で社外の人を招いて行う会議の案内状を作成することになった。その案内状にはどのような内容を書いたらよいか。

＊社外の人を招く場合には，まず「会議開催の案内状」を出すのが一般的な手順である。この案内状を社外文書という。なお，これについての詳細は，次節の「(2) 文書の作成」で解説。

◆会議の名称・議題
◆開催日時・場所
◆開始と終了の時間
◆出欠の連絡方法
◆担当者名・電話番号
◆配布資料

②上司主催の社外会議

上司が社外の人を招いて会議を行うとき，落ち度のないよう事前に上司に確認することは何か。

◆出席者はおおよそ何人か。
◆配布資料はあるか。

＊前述したように，これは基本的な確認事項である。なお，会議の資料を準備するときの心掛けとしては次のようなものがある。

†①資料は，予備として会議の出席者数より二，三部多く用意するようにしている。②資料の大きさがまちまちのときは，大きさをそろえた方がよいか上司に確認している。③資料をセットするときは，

それぞれのページのコピーの枚数を確認してから丁合（ちょうあい）を取っている（丁合とは，印刷（コピー）したものを，ページ順にそろえること）。④部外秘の資料をコピーしていてミスコピーが出てしまったときは，シュレッダーで処理するようにしている。

◆席には名札を用意するか。
　　　＊社外の人が来るのだから，当然の確認である（互いに名前が分かるようにするということは，コミュニケーションの上でも有効な方法。そしてこれも会議に関する知識の一つ）。

◆飲み物は緑茶の他に何か出すか。
　　　＊上司主催の社外会議である。それなりのもてなしも必要。秘書としての配慮である。

◆テーブルの配置はどのようにするか。
　　　＊互いに参加者の顔が見える口（ろ）の字型などがある。これも重要な会議の知識である。

● 技 能

2 会議について,初歩的な計画,準備,事後処理ができる

　前項では,会議の準備を滞りなく進めていくための手順を中心に検討してきました。

　さて本項では,このことを踏まえつつ,もう少し広い視野から会議の準備を見ていきましょう。事前の準備だけでなく,会議中のことや会議が終わった後の会議室の整備,会議後の上司への確認,事後処理など,一連の流れを押さえておく必要があるからです。そしてこれができて初めて,**計画性のある(先を見据えた)準備の仕方**ができたといえるでしょう。

　では計画性とは,どのようなことをいうのでしょうか。もう少し具体的に検討してみましょう。

事例研究② 会議について,初歩的な計画,準備,事後処理ができる　case study

　秘書Ａ子の上司が定例部長会議から戻ってきた。今回は上司が開催当番だった。次は,そのときＡ子が上司に確認したことである。中から<u>不適当</u>と思われるものを一つ選びなさい。

1)　次回の会議はいつに決まったか。
2)　作成した資料に不備はなかったか。
3)　欠席した部長にはいつ資料を届けるか。
4)　次回までに,特にしておくことはあるか。
5)　配布された資料はファイルしておくがよいか。

事例解説　Instructions

　いかがでしょうか。**不適当な選択肢は3)** になります。

　定例部長会議の資料なのだから,欠席だった部長にはすぐに届けないといけない。上司に,いつ届けるかと尋ねるようなものではないので不適当というわけです。

　　　　＊定例部長会議とは,各部門の部長が,定期的に集まって行う会議のこと。
　　　　　社内会議の一つ。

　では適切な選択肢から,計画,準備,事後処理について見ていきましょう。

選択肢1) は，次回の会議の日時を確認し，上司のスケジュール表に記入します。これによって，顧客からのアポイントメントなどが入っても事前に調整できます。これが**計画性**です。またこのとき，「次回までに特にしておくことはあるか」と，**選択肢4)** のような確認をしておきます。これで会議（次回）の**準備の計画を立てる**ことができます。

　選択肢2) も同様です。「作成した資料に不備はなかったか」と確認し，もしあれば，不備の箇所を参考にし，次回の会議資料の作成に生かします。重要な確認でしょう。

　そして**選択肢5)** は，上司が持ち帰った会議資料の扱いです。基本的にはファイルすることになるでしょう。**事後処理**です。でも，その前に確認。ファイルをする前に上司は，読み直すかもしれないからです。

要点整理　　　　　　　　　　　　　　　　　　　the main point

▶ **会議について，初歩的な計画，準備，事後処理ができる**

秘書が会議を計画するということ

　会議の準備には，会議そのものの準備だけではなく，会議に遅れてきた人や出席予定の人が来ないときの対応，会議後の会議室の環境整備など，数多くの仕事があります。そして，秘書はこの仕事に対し，計画を立て（先を読んで），順序よく手際よく処理していきます。全体の流れをイメージし，用意周到に行動しているわけです。出題の意図もここにあります。

　　　＊会議の準備について全方位に目配りができる，実践できる，これが計画
　　　　性のある対処の仕方である。

▶ **出題の視点**

　検定問題では，事例研究②の他，次のような事例が出題されています。確認しておいてください。

　①**社外の人を招いての会議**
　　社外の人が出席する会議の準備にはどのようなことがあるか。
　　　　＊先を読んでの準備。社外の人が出席する会議であるから，なおさらである。

　　◆その日は特に暑い日だったので，会議室の空調の温度設定を低めに

して部屋を冷やしておいた。
- ◆その日の出席者は少なかったので，いつもよりゆったりと座席のスペースを取り，余った椅子は外しておいた。
- ◆その日配布する資料は「秘」資料ではなかったので，何の資料かがすぐに分かるよう表(おもて)を上にして各席に置いた。

②**ホテルで行う会議**

支店長会議を社外のホテルで行うことになり，会場の手配をすることになった。さて，ここで秘書A子が上司に確認することは何か。

　　　＊ホテルで行う支店長会議である。きちんとした計画性をもって準備に当たらなければならない。各地区から支店長が集まってくるのでなおさらである。

- ◆会議はいつの開催予定か（日時）。
    - ＊重要な確認事項。会議の開催予定日時から準備の計画を立てていくからだ。
- ◆予算はどのくらいか。
    - ＊予算に見合った金額で，ホテルその他の手配をしていくためにも必要な確認。
- ◆会議名は，「○○株式会社　支店長会議」でよいか。
    - ＊支店長に会議開催の案内状を出すために，またホテル内の案内表示を出すためにも必要な確認である。
- ◆宿泊を伴う人を確認して，会場と一緒に予約するがよいか。
    - ＊このことへの配慮は秘書ならではのものだ。これはまた，人事部の研修担当者などにも求められる気遣いである。
- ◆昼食は，弁当を用意するか，それともレストランでするか。
    - ＊茶菓等の接待についても確認が必要だ。
- ◆マイクなどの他に，必要な機材はあるか。
    - ＊例えば，ＰＣやビデオ機器など。
- ◆テーブルの配置はどのようにするか。
    - ＊前述したが，例えば，お互いの顔が見えるロの字型などである。これを上司に確認し，ホテルにテーブルの設営を依頼する。

③研修会の準備
　秘書Ａ子は，社外から講師を招いて行う研修会の準備をすることになった。さて，当日の準備にはどのようなことがあるか。
- ◆演台に水差し，コップ，おしぼりを用意しておいた。
- ◆講師控室の中を整え，すぐにお茶を出せるようにしておいた。
- ◆講師に渡す資料と受講者名簿を講師控室に用意しておいた。
- ◆講師用のマイクの他に，司会者用のマイクも用意しておいた。
- ◆ホワイトボードをきれいに拭き取り，講師用に新しいマーカーを用意しておいた。
  - ＊講師用に新しいマーカーを用意しておくということは，秘書ならではの講師への配慮である。

④会議中と会議後の対応
　上司が議長担当の定例会議のとき，秘書Ａ子はどのようなことを行えばよいか。
  - ＊上司が議長として滞りなく進行できるように，ありとあらゆることを想定して対処していかなければならないケース。
- ◆Ｒ部長が会議資料を忘れてきたので，あらかじめ用意しておいた予備の資料を渡した。
  - ＊予備の資料を用意しておくことは大切な心得である。
- ◆会議が始まる時間に出席予定のＴ部長が来ていなかったので，どうしたのか電話で尋ねた。
- ◆会議は始まっていたが，欠席予定だったＳ部長が今から出席すると連絡してきたので席を用意した。
- ◆会議の終了後上司に次回のことを確認し，次の担当議長の秘書Ｂ子に日程などを連絡した。
  - ＊担当議長のスケジュールはできるだけ早く押さえておかなければならない。そのことを知っているＡ子はすぐに次の担当議長の秘書Ｂ子に連絡したわけである。Ｂ子にとっても上司のスケジュール管理は重要な仕事だからである。

⑤会議の後（事後処理）
　社外の人を招いての会議が終わった後，秘書はどのような対処をするか。

◆帰る人へ,「ありがとうございました」というあいさつを,会議室のドアの外で立ったままでした。
　　　＊「お疲れさまでございました」「失礼いたします」などでもよい。
◆参加者が出終わった後,茶わんを片付けてテーブルを拭いたが,そのとき椅子の位置も整えた。
◆会議で使ったホワイトボードを拭き直し,マーカーのインクが切れていないかを点検した。
　　　＊もし切れかかっていたら,新しいものと取り替えておく。
◆会議室をすぐ後に使う人がいないことを確認してから,エアコンと照明のスイッチを切った。
　　　＊会議室をすぐ後に使う人がいたら,エアコンのスイッチは入れたままにしておく。
◆会議室の「使用中」の表示を,「空室」に換えておいた。
◆会議室を管理する部署へ,会議が終わったことと,片付けは全部済ませたことを報告しに行った。
　　　＊なお,会議室をすぐ後に使う人がいたら,会議が終わったことを知らせる配慮も必要である。

2 文書の作成

1. 簡単な社内文書が作成できる。
2. 簡単な折れ線，棒などのグラフを書くことができる。

1 簡単な社内文書が作成できる

　社内では，ほとんどの連絡（伝達）事項は文書やメールによって行われています。例えば，「営業会議開催のお知らせ」や「夏季休暇のお知らせ」「社内セミナー開催の案内」などがそうです。そして文書は，一定のルールに従って作成していきます。

　ではその事例を検討してみましょう。

事例研究① 簡単な社内文書が作成できる　　　　case study

次は秘書Ａ子が，上司が発信する社内文書を書いたときの書き方である。中から不適当と思われるものを一つ選びなさい。

1) 箇条書きを用いて簡潔に書いた。
2) あいさつを省き「前略」と書いた。
3) 発信日は省略せず年月日を書いた。
4) 用件の最後には「以上」と書いた。
5) 担当者名として所属部署と名前を書いた。

事例解説　　　　　　　　　　　　　　　　　instructions

　いかがでしょうか。**不適当な選択肢は2)**になります。

　「前略」とは，手紙の最初に書くあいさつの言葉（「拝啓〜」）を省略したという意味。社内文書は会社内部で交わされる文書だから，最初のあいさつは書かないもの。従って2)は不適当ということです。

　　　＊「あいさつは書かないもの」というのは，社内文書を作成する上での基本的な約束事である。一方，取引先などに出す社外文書では，丁寧さを旨として，「拝啓」などから書き始めるのが基本である。ここでは，その違いをよく理解しておくこと。

　　　　　　　†社外文書には,「事務所移転の通知状」や「社長就任のあいさつ状」
　　　　　　　などがある。

　でもどうでしょうか。この事例(ケーススタディー)は社内文書の書き表し方の基本ができていないと,なかなか難しいことも事実です。そこでまず,**「社内文書の書式」**(P.188)を参考にしながら,社内文書の基本的な作成のルールを見てみましょう。

　　　＊「社内文書の書式」は,『ビジネス文書検定受験ガイド3級』による。
　　　＊そして,この書式からも「前略」などのあいさつは省き,いきなり主文から書かれていることが分かる。
　　　＊書き表し方は,丁寧さよりも伝達することに重きを置いた簡潔な文体になっている。例えば,社外文書のように「ご出席を賜りますよう,よろしくお願い申し上げます」と書くのではなく,「出席してください」と簡潔に書くのが社内文書の約束事。

　まず選択肢1)。「箇条書きを用いて簡潔に書いた」とあります。これは主文の中に,日時や場所,資料などを書かないで,「記書き」(箇条書き)として別にまとめた事例です。これによって,文書そのものが簡潔になるでしょう。

　　　＊「標記の説明会を,12月22日の月曜日,9時から11時まで第1会議室(本社ビル7階)で開催するので添付の資料を持参の上,出席してください」と書いたらどうだろうか。言うまでもなく分かりにくい。やはりここは箇条書き(記書き)にして,効率よく用件が伝わるようにする。

　選択肢3) は発信日のケースです。ここは年号も省略せずに「平成〇年12月18日」と正式に書きます。なぜなら,同案件で時系列的に類似の文書が発信されることがあり,その場合にはその文書がいつのものかが分かることが必要になるからです。また,数年間保存するものもある。その場合には,いつのものかが分からないと意味を成さないということです。

　選択肢4) は,用件の最後に書く「以上」です。これは「以(もっ)て上がり(終わり)とする」という意味で,社内文書ではよく使われる用語です。

　そして文書の最後には,担当者名と所属部署,内線の電話番号を書きます。これが**選択肢5)** のケースです。書く位置も「社内文書の書式」から確認しておいてください。

要点整理　　　　　　　　　　　　　　　　　　the main point

▶ 簡単な社内文書が作成できる

1 社内文書が作成できるということ

　社内文書の作成では，手紙の初め（前文）に書く「拝啓」「前略」などの**頭語**(とうご)（後述）は書かずに，すぐに主文に入ります。**能率（効率）を優先**する社内でのやりとりに，決まりきったあいさつの言葉は不要というわけです。

　また書き表し方は，社外文書ほど丁寧に書き表す必要はありません。**「意思の伝達」（通知，報告など）を優先し，事務能率の立場から実質的に書き表していきます**。これによって意思の伝達もスピーディーになります。出題の意図もここにあります。

　　　　＊1文書に書く用件は，できるだけ一つにする。
　　　　＊横書きで書き，文体は「です・ます」体にする。ただし，社内文書では以下のような書き方はしないこと。あくまでも事務的(ビジネスライク)にということである。
　　　　　†拝啓　寒さ厳しき折，いかがお過ごしでしょうか。
　　　　　　さて，標記の説明会を下記の通り開催いたしますので，ご出席くださいますようよろしくお願い申し上げます。　　　　　敬具

2 社内文書の書式

　社内文書と社外文書は，どの位置にどのようなことを書くのかが決められています。これを**書式**(レイアウト)といいます。この書式に従って作成すれば，時間も経費もかからずに効率的に仕上げることができるでしょう。

　ではここで，もう一度，「社内文書の書式」から，どの位置に「発信日」や「箇条書き（記書き）」，「以上」，「担当者名」が置かれているかを確認しておいてください。

　　　　＊受信者名，発信者名は職名だけを書く。
　　　　＊内容がすぐ分かるように簡潔な表題（タイトル）を付ける。

3 文書に関する用語

ではここで,「社内文書の書式」から,基本的なビジネス文書に関する用語を確認しておきましょう。

表　題	文書の内容を簡潔に知らせる題名のこと。「標題」とも書く。
頭　語	本文の最初に書き出しとして書く「拝啓」などのこと。社外文書での書き方(以下にその例を挙げておく)。社内文書では用いない。 ＊本文の最後に締めくくりとして書くのが結語。「敬具」などがある。頭語とセットで覚えておくとよい。 拝啓(謹んで申し上げます)と敬具(謹んで申し上げました) 拝復(謹んでご返事を申し上げます)と敬具 謹啓(謹んで申し上げます)と敬白(敬い謹んで申し上げました) †「拝啓」「敬具」をより丁寧に書き表すときに用いる。 前略(急ぐので,時候のあいさつは省略させていただきます)と草々(急いで書いてしまい,粗雑な手紙になった。本当に申し訳ない)
時候の あいさつ	頭語の後に書く季節のあいさつ。「拝啓　初冬の候」などと書く(発信日付と一致させること)。これも社内文書では用いない。
記	ここから下は,主文中の「下記の通り」であることを知らせる用語。
追　伸	書き終わった後に,さらに書き加えることがあると知らせる用語のこと。
添　付	この文書に添付した資料があると知らせるときに使う用語。 ＊社外文書の場合は「同封」とする場合もある。

4 社内文書の種類

社内文書には，次のようなものがあります。確認しておきましょう。

通知文書	営業会議開催のお知らせ／社員旅行のお知らせ／夏季休暇のお知らせ／健康保険証更新のお知らせなど
案内文書	社内セミナー開催の案内／書籍割引購入斡旋の案内／厚生施設利用の案内など
依頼文書	社内報原稿執筆の依頼／インストラクター派遣の依頼など
照会文書	上半期営業状況の照会など
報告書	社員研修受講報告書／出張報告書／日報，月報など
届け出	欠勤届／住所変更届／始末書など
稟議書（りんぎしょ）	学生アルバイト雇用の伺い／社員研修実施の伺い／営業車購入の伺いなど
議事録	販売会議議事録／人事会議議事録など
規　定	就業規則／事務取扱規定／文書取扱規定など

＊稟議書とは，関係者に回して承認を得た上で，決定権のある人に決裁を仰ぐための文書のこと。伺い書ともいう。

出題の視点

検定問題では，事例研究①の他，次のような事例が出題されています。確認しておいてください。

①パソコンで清書するときの注意点

上司から渡された原稿を清書するとき，どのようなことに注意したらよいか。

◆漢字に変換するとき，同音異義語などの間違いに気を付けること。

◆文字の大きさや文字間，行間などの体裁は，読みやすいように整えること。

◆原稿の字が間違っていたときは辞書で確認してから直し，後で上司に知らせること。

◆清書し終え，原稿と清書したものを上司に渡しても，パソコンのデータはしばらくの間残しておくこと。

◆発信文書を清書するときは、宛て先の役職名や名前の漢字に間違いはないかチェックすること。

② **清書した後にチェックすること**
上司が書いた文書を清書した後、仕上がりについてチェックすることは何か。

◆誤字や脱字はないか。
◆漢字の変換ミスはないか。
◆句読点の打ち方は適切か。
◆送り仮名に間違いはないか。
◆数字に間違いはないか。

③ **会議資料のまとめ方**
会議資料を見やすくするためにはどのような工夫が必要か。

◆見出しの文字は、大きさを変えたり、太字にしたりすること。
◆見出しが最終の行になるときは、次のページから始めること。
◆行と行の間は少し空けて、詰まった感じがしないようにすること。
◆今までと違う内容に移るときは、行を変えたり（改行）、空けたりすること。
◆最終ページが1，2行になるときは、なるべく前ページに入れる工夫をすること。

[社内文書の書式]

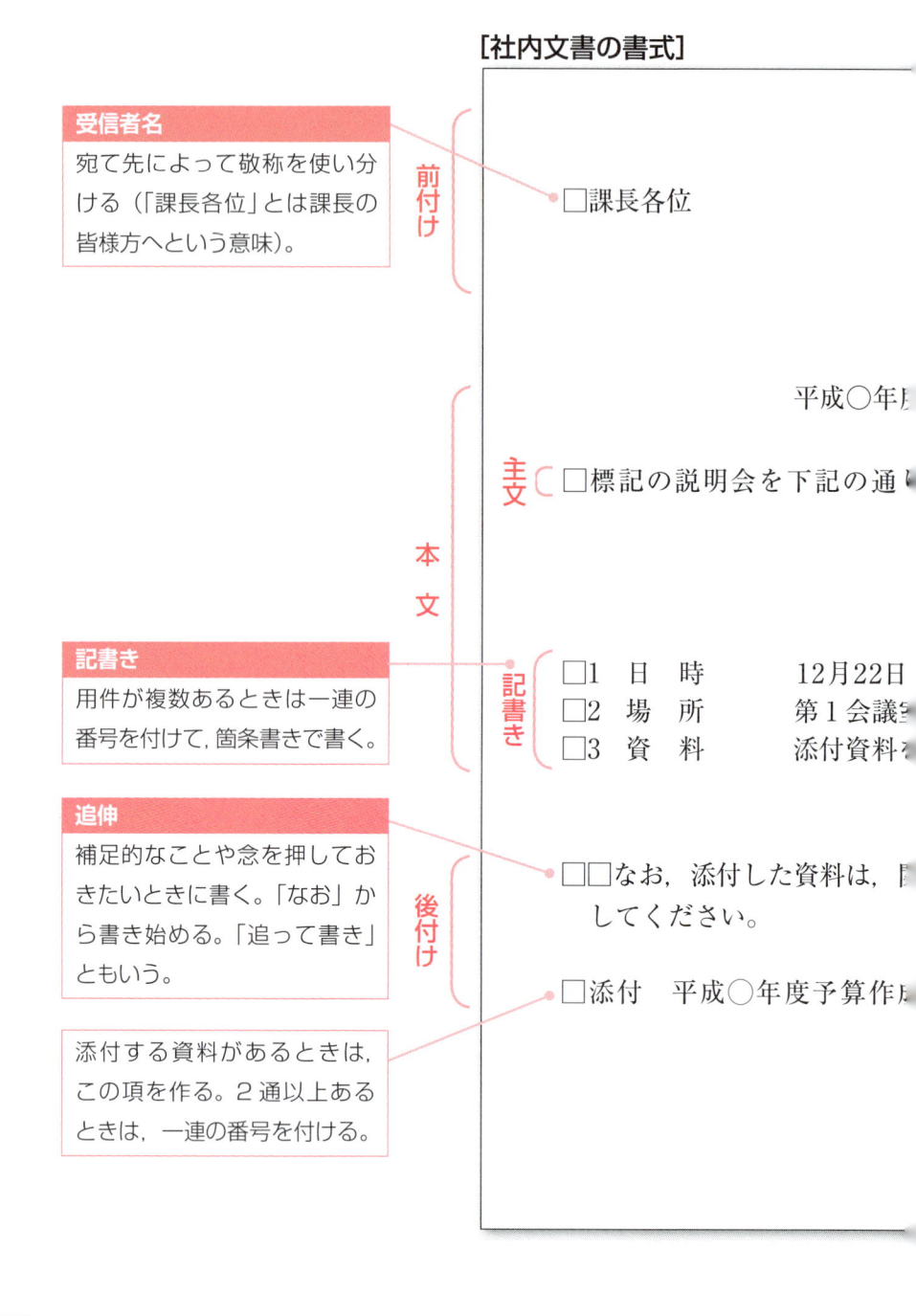

受信者名
宛て先によって敬称を使い分ける（「課長各位」とは課長の皆様方へという意味）。

前付け
・□課長各位

主文
平成○年度
□標記の説明会を下記の通り

本文

記書き
用件が複数あるときは一連の番号を付けて，箇条書きで書く。

記書き
・□1　日　　時　　12月22日
　□2　場　　所　　第1会議室
　□3　資　　料　　添付資料

追伸
補足的なことや念を押しておきたいときに書く。「なお」から書き始める。「追って書き」ともいう。

後付け
・□□なお，添付した資料は，
　してください。

添付する資料があるときは，この項を作る。2通以上あるときは，一連の番号を付ける。

・□添付　平成○年度予算作成

●技能●

経　発　第８８号□	**文書番号** メモ・案内状などの軽易なものには不要。
平成○年12月18日□	**発信日付** 元号が普通だが，会社によっては西暦も使われる。
経理部長□	**発信者名** 普通は課長以上。職名のみを書き，氏名・印は省略してよい。
‐算説明会	**表題（件名，標題）** 内容を端的に表すようにする。
開催するので，出席してください。	
□	中央に書く。
月)9時から11時まで (本社ビル7階) 持参してください。	
係者外秘なので，取り扱いに注意	
について　　　　　　　以上□	
担当　経理課　小林□□□ (内線　840)	**担当者名** 直接の担当者がいる場合はここに書く。問い合わせ用に内線番号を書くとよい。

『ビジネス文書検定受験ガイド3級』による

Reference 1
社外文書について

　3級の審査基準では，社外文書には触れていませんが，秘書の職務上どうしても理解しておかなければならないケースがあります。ここでは，その事例を参考までに紹介しておきましょう。出題の範囲です。

1 「返信はがき」のケーススタディー

　秘書Ａ子は上司から，返信はがきを渡され，「個人的な会合だが出席として出しておいてもらいたい」と言われた。このようなときはどう書くか，次のように書きます。

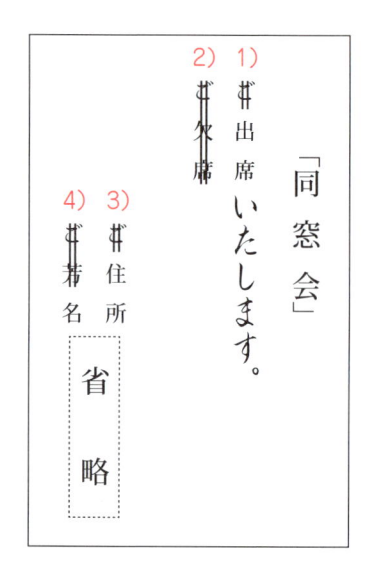

①「ご出席」は「ご」を消し，下に「いたします」と書く。
　　＊欠席なら，ご欠席の「ご」を消し，下に「いたします」と書き，「残念ですが，当日は出張のため」などと理由を書き添える。そして「ご出席」は3文字とも消す。

②「ご欠席」は3文字とも消す。
③「ご住所」は「ご」を消し，下に「上司の自宅住所」を書く。
④「ご芳名」は「ご芳」を消し，下に「上司の名前」を書く。
　　＊芳名は人の名をいう敬語なので，「ご芳」を消すことになる。

⑤宛て名は「行」を消し，その脇に「様」を書く。

2 「歳暮の送り状」のケーススタディー

秘書Ａ子は上司から，世話になった人に贈る歳暮の送り状を書くように指示された。さて，Ａ子はどのように書けばよいか，次のように書きます。

> 拝啓　師走の候，ますますご健勝のこととお喜び申し上げます。平素は格別のご厚情を賜り，厚く御礼申し上げます。
> 　つきましては，日頃の感謝の気持ちとして，別便で○○をお送りいたしました。何とぞご笑納くださいますようお願い申し上げます。
> 　まずは，略儀ながら書中をもってごあいさつ申し上げます。　　敬具

いかがでしょうか。

ビジネス文書には，書式（形式）があります。そして文書の作成は，**この形式に従い慣用語や手紙用語を適切に用いながら書き表していきます**。これで「御礼」の気持ちは十分に伝わります。ここでは以下により，慣用語句等を確実に覚えておいてください。

* 「師走の候」は時候（12月）のあいさつの一つ。1月から12月まで季節ごとに時候を表す言葉がある。
* 「ますますご健勝のこととお喜び申し上げます」は，「なお一層お元気で本当に喜ばしいかぎりです」と相手の健康を心から祝う意。手紙の慣用句の代表例。
* 「平素は格別のご厚情を賜り」は，「普段（平素）は特別（格別）の親切（ご厚情）をいただき（賜り）」と，その感謝の気持ちを伝える意味の慣用語（句）。
* 「ご笑納」は，「『なんだ，こんな物を贈ってきたのか』とお笑いでしょうが，どうか受け取ってください」という意味の慣用語。謙遜の心である。
* 「略儀」は，「本来ならば，お目に掛かってお礼を申し上げるところですが」という意味の慣用語。「略式で申し訳ない」というおわびの心がここにある。

　†本来ならば，お礼の品を持ってあいさつに出向くのが礼儀である。

Reference 2
文書の書き表し方について

　文書を作成する際は,「物の数え方」や「算用数字」「漢数字」を書き表すための知識(ルール),そして,パソコンで文書を作成するためのコンピューター用語の理解も必要です。次にそのケースを見ておきましょう。

1 「物の数え方」

　報告書や日報,社内メールなどで,時折,間違った物の数え方をしているケースを見掛けます。そうならないために,ここでもう一度,点検しておきましょう。

物の数え方

ICカード	1枚	新聞	1部
案内（掲示）板	1枚,1面,1基	茶わん,カップ	1客(いっきゃく)
椅子	1脚	机	1脚,1台
エレベーター	1基,1台	手紙	1通
観葉植物	1鉢	電話機	1台
議案	1件	パソコン	1台
講演台	1台,1卓	花輪	1基,1本
資料（書類）,文書	1部	パンフレット	1部

● 技 能 ●

2 算用数字と漢数字の書き表し方

　ビジネス文書は左横書きなので，原則として算用数字を用います。が，意味の違いを表すために漢数字を用いる場合があります。では，その使い分けの基本を下表から確認しておきましょう。

算用数字の書き表し方	**数量，順序などを表す** 　３，５８２，４６３ 　５万６，０００ 　５億３００万 　１，２００億 　　　＊読みやすくするため，1,000以上の数字には，三桁ごとに区切り符号「，」（コンマ）を付ける。ただし年号，文書番号，電話番号などには付けない。 　　　†数字の単位は，兆，億，万を使い，百，千は使わない。従って百万円は「100万円」，一千万円は「1,000万円」となる。なお，数千万円と書く場合はこれでよい（後述）。 **日時** 　２０１５年 　平成27年4月1日 　午前10時30分 　3カ月間（さんかげつ）
漢数字の書き表し方	**漠然とした数（概数）を表す** 　数十人（数10人とは書かない） 　二，三日 **慣用的な語** 　一字一句 　第一印象 　一部分 **「ひと」「ふた」「み」などと読むとき（和語）** 　一つ，一休み 　二つ，お二方（ふたかた） 　三つ，三つぞろい（のスーツ），三月（みつき） 　　　＊地名，人名，会社名，建造物名，書名なども漢数字で書く。九州・四国，五木専務，三省堂書店，三千院，十八史略などがそうである。

3 パソコンで文書を作成する

　パソコン等で文書作成をするときに覚えておかなければならないコンピューター用語があります。ここでは，その基本語と意味を確認しておきましょう。

フォント	コンピューターで使われる書体（字体）のこと。明朝やゴシックなどがある。
均等割付	文字を，行の中に指定した範囲に均等な間隔で並べること。
中央揃え	入力した文字や文字のまとまりを，行の中央に位置させること。
網掛け	ある範囲内の文字や画像の背面に網目や斜線などの模様をつけること。
上書き保存	文書の内容を変更しても，ファイル名は変えず元のところに保存すること。
バックアップ	コンピューターに保存されているデータやプログラムを，破損やウイルス感染などの事態に備えて，別に保存すること。
スクロール	画面の表示内容を上下左右に移動させること。
ドラッグ	マウスボタンを押したままマウスを動かす動作のこと。
ＯＳ	オペレーティングシステム。コンピューターを動かす基本となるソフトウエアのこと。
ウイルス	コンピューターに侵入して障害などを引き起こすプログラムのこと。
フリーズ	コンピューターの操作中に，何らかの異常でコンピューターが停止すること。
アップグレード	ソフトウエアを最新のものに取り替えて性能を向上させること。

●技 能●

❷ 簡単な折れ線，棒などのグラフを書くことができる

　各製品の月別売上高の推移や営業所別売上高の比較を見るためにはどうしたらよいでしょう。もちろん，売上高（数字）を一覧表にしてまとめることでもよいでしょうが，これをグラフにして表すと，とても見やすくなります。

　でも，数量の「大小」を比較するときと，数量の「推移」を表すときとでは，その目的にかなったグラフにしなければなりません。

　どうすればよいでしょうか。次の事例から検討してみましょう。

事例研究②　簡単な折れ線，棒などのグラフを書くことができる　　　case study

　次は棒グラフと折れ線グラフについて述べたものである。中から<u>不適当</u>と思われるものを一つ選びなさい。

1)　目盛りの数字には，基点として「0」が必要である。
2)　棒グラフは，数量の「大小」を比較するのに適している。
3)　折れ線グラフは，数量の「推移」を表すのに適している。
4)　棒グラフと折れ線グラフは違うので，一つのグラフで表すことはできない。
5)　一つのグラフに2本の折れ線を書くときは，一つは「実線」一つは「点線」などのようにするとよい。

事例解説　　　　　　　　　　　　　　　　　　　　　　　　instructions

　いかがでしょうか。**不適当な選択肢は4)** になります。

　どうしてでしょうか。例えば年度ごとの棒グラフであれば，上の空間を利用して年度ごとの折れ線グラフを書くことができます。この場合，左の縦軸に棒グラフの数値を表し，折れ線グラフの数値は，右の縦軸に表すことになります（折れ曲がる年度の区切りの部分に数値を表すこともできる）。これで棒グラフと折れ線グラフが一つのグラフで表すことができます。複合グラフです。

　では，適切な選択肢から棒グラフと折れ線グラフを**作成するための基本**を確認しておきましょう。

選択肢1) は，グラフ作成の基本です。特に基点「0」は，数値を表す上でなくてはならないものです。

　選択肢2) と**選択肢3)** は，棒グラフと折れ線グラフの特長を述べています。この意味を押さえておくことが，適切なグラフを選択できるかどうかの大前提になるでしょう。

　そして**選択肢5)**。この実例としては，例えばP製品のA営業所とB営業所の売上高伸び率の推移などがあります。A営業所を実線で，B営業所を点線で書き，2本の折れ線を見やすくしていくわけです。

　なお，この図例については，章末の「記述問題」〈事例研究②－1〉（P.242）に示してあります。確認してください。

要点整理　　　　　　　　　　　　　　　　　　　　the main point

▶ 簡単な折れ線，棒などのグラフを書くことができる

グラフを書くということ

　秘書をはじめ，全てのビジネスパーソンには，「各製品の月別売上高の推移」や「営業所別売上高の比較」などを適切にグラフ化する能力（スキル）が求められています。

　なぜなら上司は，この作成されたグラフに基づいて，次の仕事の指示を部門に出していく必要があるからです。そのためのグラフです。そして出題の意図もここにあります。

　ではここで，折れ線グラフと棒グラフに適したものを示しておきましょう。

折れ線グラフ	棒グラフ
S製品の年度別売上高の推移	製品Kの営業所別売上高
W製品の売上高月別推移	製品別の生産高
商品Zの輸入高前年比伸び率の推移	各課の消耗品購入額
過去5年間の平均給与月額の変化	支店別の社員数
過去5年間の新入社員採用数の推移	年代別の社員数

　　　＊折れ線グラフは，数量の「推移」，棒グラフは，数量の「大小」と覚えておく。

●技 能●

▶ 出題の視点

　検定問題では，事例研究②の他，実際にグラフを作成する事例があります。なお，これについては，章末の「記述問題」で検討しましょう。

3 文書の取り扱い

1 送付方法，受発信事務について初歩的な知識がある。
2 秘扱い文書の取り扱いについて初歩的な知識がある。

1 送付方法，受発信事務について初歩的な知識がある

　文書を郵送する際，封筒を折られては困るとき，返事を急いでいるとき，あなたなら，どのような送り方（送付方法）をするでしょうか。何もせずに，そのまま送りますか。さてどうでしょうか。
　ではその事例を検討してみましょう。気遣いのある送付方法のケーススタディーです。

　　　　＊受発信事務とは，郵便物の受信（受け取り）と発信（郵送）に関わる全般的な事務のこと。

事例研究① 送付方法，受発信事務について初歩的な知識がある　case study

　次は秘書Ａ子が，文書を郵送するとき行っていることである。中から不適当と思われるものを一つ選びなさい。

1) 郵便番号が分からないときは，インターネットで調べて記入している。
2) 折られては困る文書を送るときは，封筒に，「取扱注意」と書いている。
3) 返事を急ぐ文書を送ったときは，そのことを相手に電話で連絡している。
4) 重要文書を送るときは，送付先と送付日，送付方法を記録に残している。
5) 切手を貼るときは，郵送方法に関係なく，貼る切手の枚数は少なくなるようにしている。

事例解説　instructions

　いかがでしょうか。**不適当な選択肢は2)** になります。

●技能●

　封筒に書く「取扱注意」とは，破損しやすい物などを送るとき，郵送途中で破損しないように扱ってもらいたいと，注意を促すために書く言葉。折られては困る文書の場合は，「折り曲げ厳禁」「二つ折り厳禁」などと書くのが一般的です。

　　　　＊そうはいってもなかなか難しい場合もある。そのことを想定して秘書は，厚紙を当てて送っている。これがベストな方法。

　では，適切な選択肢から，送付方法について見てみましょう。事務的な仕事にも秘書ならではの気遣いがあるという事例です。

　まず選択肢1）。郵便番号は，配達の迅速化・効率化を図るためのものです。分からなければ，ネットで調べるなどして必ず記入するようにします。そして番号は間違わずに丁寧に記入します。言うまでもなく，郵便物を滞りなくスムーズに届けてもらうためです。

　選択肢3）は，返事を急ぐ文書を送ったときの対処です。電話で連絡することによって，より確実になるからです。

　　　　＊特に急を要する場合は，速達にするだけでなく，封筒の脇に「至急」「急用」などと書くこともある。

　選択肢4）は，重要文書を送るときの発信事務の基本の一つです。送付先と送付日，送付方法を記録に残します。郵送して終わりというわけにはいかないということ。これが秘書ならではの仕事の仕方です。

　そして**選択肢5）**。さてこれはどうでしょうか。切手もただ貼ればよいというものではない。郵送方法に関係なく，貼る切手の枚数は少なくなるようにするのがスマートです。もちろん，相手が受け取ったときの印象を考えてのことです。

　　　　＊大きさの違ったものを幾つも貼ったりしてもいけない。何より見た目がよくない。また，きちんとそろえ，丁寧に貼るのは言うまでもない。
　　　　†切手は，封筒が縦長のときは左上，横長のときは右上に貼る。

要点整理　　　　　　　　　　　　　　　　　　　the main point

▶ **送付方法，受発信事務について初歩的な知識がある**

1 内容の表示
　封筒に「二つ折り厳禁」と書く（ゴム印を押す）。これは郵便物を配達

199

する局員に「丁寧に扱ってください」とお願いしているだけではありません。受信者側に「大事な文書をお届けしました。よろしくお願いします」という**メッセージ**を表しているのです。いわば**手紙の営業**です。出題の意図もここにあります。

また，上司から「この手紙は，親展(しんてん)で出しておいてくれ」と言われたら，**「親展」**のゴム印を忘れずに押し，急いで送ります。

なお，この**「内容の表示」**は，**文書を送付するとき**に，また，**受発信の事務を行うとき**に**必要な知識(ナレッジ)**になりますので，確実に理解しておいてください。

> ＊親展の意味をきちんと理解していると，このように適切な対処ができる。親展とは，「本人自ら開封してください。大切な手紙です」ということ。秘書の基本的な発信事務の知識である。
>> †文化庁編の『言葉に関する問答集４』（大蔵省印刷局）では，「親展」「重要」「至急」「急用」などは「外脇付け」とし，「領収書在中」や「見積書在中」「写真在中」などを「内容表示語」としている。が，ここでは特に区別はしていない。なお，内容の表示を書く位置は，章末の「記述問題」（P.244）で確認のこと。

２ 郵便物の受信

ではまず，郵便物の受信事務から見ていきましょう。

上司宛てに届いた一般の郵便物は，秘書が開封して中の文書を出し，封筒を付けて渡します。もちろん，開封しないでそのまま上司に渡す郵便物もあります。**現金書留や簡易書留（受信簿には必ず記録すること），私信か業務用の文書か分からないもの，封筒に社名などが印刷されていないもの，封筒に「親展」と書いてあるもの，**などがそれに当たります。これが秘書の基本的な受信事務になります。

何通か重ねて渡すときは，急ぐもの，重要なものを上にして上司に渡します。封筒に「速達」「重要」「至急」などの表示があるものがそうです。

> ＊間違って親展などの封書を開けてしまったときは，ゼムクリップで封をし，謝ってから渡すこと。
> ＊開封して中の文書を出したときは広げてから渡すこと。すぐに読めるようにして渡すということである。
>> †こちらから出した文書の返信には，発信した文書の控えを付けて上

司に渡す。言うまでもなく，確認がしやすいからである。
* 「速達」や「重要」「至急」などは開封してすぐに渡す。
* ダイレクトメール（DM）は，上司の関心のありそうなものだけを開封して渡す。そしてこれができてこその秘書である。

3 郵便物の発信

次は発信事務です。上司からの指示で，香典やギフト券，重要書類などを送らなければならないときのケースです。さてどうするか。それぞれの同封物にあった郵送方法で対処します。発信の知識です。

現金	現金書留
	* 郵便局の窓口に限られる。なお，相手に届かなかった場合，限度額まで補償される。
	* 現金は紙幣だけでなく硬貨も送れる。
	* 現金と一緒に手紙も送ることができる。
	* 現金を（不）祝儀袋に入れて送ることができる。
重要文書	簡易書留
	* 郵便局の窓口に限られる（ポストの投函は不可）。
	* 限度額まで補償される。
ギフト券，ビール券	簡易書留
	* 5万円までのもの。
	* 郵便局の窓口に限られる（ポストの投函は不可）。
	* 限度額まで補償される。
急ぎの文書	速達
	* 料金は，郵便物の重さによって異なる。これが郵便物の料金に加算される。
	* 表示は，赤線（封筒の短辺の上または右）を引くか，赤字で速達と書く。市販の「速達」のゴム印でもよい。
	* ポストに投函できる。
	* はがきも速達扱いができる。
書籍，カタログ	ゆうメール
	* ポストに投函でき，速達も可。
	* CD，DVDなども送れる。

品物一般	ゆうパック
	＊かつては一般小包郵便物といわれていたもの。中元や歳暮の品（菓子折り）などを送る。
祝いの言葉，お悔やみの言葉	レタックス
	＊例えば，新郎・新婦宛てに，祝いの言葉の寄せ書きをそのままの形で送るとき。電報の新しいスタイル。パソコンからも送れる。

4 ファクスの受発信事務

　受発信事務には，ファクスのケースもあります。例えば，上司宛てに届いたファクスの文字が細かいとき，さてあなたならどのような対処をするでしょうか。そう，拡大コピーをしてから上司に渡します。また，文字が薄い場合は，濃い目にコピーし直して渡します。これが秘書の気遣いある**受信の仕方**(スキル)です。

　では，送信するとき秘書は，どのような気遣いをしているでしょうか。その対処の仕方を挙げておきましょう。

ファクスの送信

> 文字が薄い文書は，濃いめにコピーし直して送信している。
> 文字が小さい文書は，拡大コピーをしてから送信している。
> 用紙の大きさが違うものは，コピーをして大きさを統一してから送信している。
> 送信するときは，日付や受取人名などを記入した送信状を添えている。
> 急ぎの文書は，相手に，今から送るのでと連絡してから送信している。
> 送信するときは，相手に電話をしてからにするか，または後から確認の電話をしている。
> 送信後には，送られているかどうかファクス機を確かめている。

　　　　　　＊言うまでもないが，機密文書をファクスで送ってはいけない。

▶ 出題の視点

　検定問題では，事例研究①の他，次のような事例が出題されています。確認しておいてください。受発信事務の具体的なケーススタディーです。

●技能

①**宛て名の書き方**

秘書Ａ子は上司から，この人にパンフレットを郵送しておいてもらいたい，と送り先のメモを渡された。下の枠内のものは，その宛て名だが，これはどのように書くのがよいか。

> 株式会社ＡＢＣ
> 営業部
> 課長　田中一郎

◆株式会社ＡＢＣ
　営業部
　課長　田中一郎様

　　＊では，会社名だけの場合はどう書くか。「株式会社ＡＢＣ御中（おんちゅう）」と書く。営業部まで分かっていたら，「株式会社ＡＢＣ　営業部御中」とする。また，「株式会社ＡＢＣ　営業部　お客さまサービス係」とあったら，「株式会社ＡＢＣ　営業部　お客さまサービス係御中」となる。いずれにせよ，「御中」は，会社名，部署名などの宛て名の下に書き添える。決して個人名には付けないこと。

　　　†御中とは，「会社（部署，係）の中のどなたでも構いませんから，開封してお取り計らいください」程度の意味。

　　＊上司（立花右近）が出張で宿泊しているＡホテルへ資料を送るときは，「Ａホテル気付（きづけ）立花右近様」と書く。

　　　†気付は，立ち寄り先（出張など）にいる人へ手紙などを出すときに使う。上司はホテルに勤めているわけではないのだから，「気付」となる。

②**はがきの基礎知識**

◆はがきの形であっても規定を超えた大きさだと封書の扱いになる。

◆はがきには，郵便局で売っているものと，自分で作れる私製はがきとがある。

　　＊規格内で作ること（日本郵便）。なお，私製はがきの表面には，はがきであることを示す文字が必要になる。

◆中元や歳暮などの礼状は，はがきで出してよい。

　　＊会社では，あらかじめ礼状として印刷しておいたはがきを使う場合が多い（私製はがき）。

◆書き損じた郵便はがきは，郵便局で交換できる。

③ **文書を送るとき**
　秘書Ａ子は上司から，社外の人７名に文書を送るように指示された。文書はＡ４判３ページの横書き，使用する封筒は縦長で定形最大のものである。Ａ子はどのような手順で作業を行えばよいか。
◆文書をページの順に重ねてそろえ，ホチキスでとじた。
◆文書は三つ折りにした。
　　＊定形最大の封筒の長辺とＡ４判の短辺の長さはほぼ同じ。封筒の短辺とＡ４判を三つ折りにしたときの短辺の長さもほぼ同じ。定形最大の封筒へＡ４判を封入するときは，三つ折りが収まりがよいということ。四つ折は不可。
◆宛て名のラベルは横長で横書きだったが，封筒は縦長のまま貼った。
◆折ってある文書を封筒に入れ，念のため重さを量った。
◆封筒にのりを付けて封をし，切手を貼った。
　　＊このとき，セロハンテープやホチキスで封をしてはいけない。封はきちんとのり付けで。そしてこれが丁寧ということ。

④ **文書を多数送るとき**
◆同じ郵便物を多数送るときは「料金別納」にする。
　　＊切手を貼る手間が省ける（料金は一括して支払う）。
　　＊展示即売会などの案内状などを大量に郵送するときに便利。
　　＊「料金別納郵便」の表示等が必要になる。

⑤ **メールの送受信**
◆メールは，業務時間外であっても，相手のことは気にせず送信している。
◆受信したらできるだけ早く返信するようにしている。
◆受信メールの相手に心当たりがないときは，添付文書は開けずに消去している。
　　＊会社によっては，「ウイルス対策として添付ファイル自体を禁止している」（日経ＰＣ21編『グーグル活用バイブル』日経ＢＰ社）ところもあるそうだ。まずは取引先への確認が必要ということだ。もちろん，相手に迷惑を掛けないために。
　　また，メールの本文だけで用件が済むものは，あえて添付ファイルを使

うことはない（どうしても長くなる場合などは別）。相手が忙しい人ならなおさらである。ファイルを開く手間を省く。これも配慮の一つ。

◆急ぎの用件でメールを送るときは，すぐに見てもらえるように電話で知らせている。
◆返事がすぐにはできないメールが来たときは，メールを受けたことだけはすぐに知らせている。
◆タイトルは，内容が一目で分かるものを付けている。
　　＊ちなみに本文の1行の文字数は，25字前後から30字程度にし，区切りのよいところで改行する。
◆資料を添付するときは，本文にもそのことを書いている。
◆同僚にも知っておいてもらいたい内容は，写しを同僚に送っている。

Column

心配で,心配で,仕方がない

ポストに郵便物を入れるとき

　さて,あなたはポストに郵便物を入れるとき,どんな心境になるでしょうか。毎日新聞のコラムにこんな話がありました。見てみましょう。

　泉鏡花が尾崎紅葉の門人だったころだ。よく師の原稿をポストに入れに行ったが、投入口に封筒を持つ手を差し入れると、しばらくそのままでいた。ようやく手を離し原稿を中に落とすと、今度は外に落ちてないか心配になる▲鏡花はポストの周りを3度回って、大丈夫なのかを確認し、さらにもう一度振り返って立ち去った（柴田宵曲 著「明治風物誌」ちくま学芸文庫）。鏡花の度の外れた心配性を笑う人は多いだろうが、実は大事な郵便物を出す時には似たような気持ちになる人も結構いるはずだ▲当時は郵便制度が施行されてまだ約20年、ポストも黒い箱型の時代だ。だがポストに手を突っ込んで封筒を手放したときの、半分心もとなく、半分安心した不思議な感じは今も変わらない。そして間違いなくポストに入ったなら、必ず相手に届くという郵便制度への信頼も同じだろう（後略）

　　　　　　　　（毎日新聞「余録」平成19年9月27日付）

　　＊尾崎紅葉。明治の小説家。『金色夜叉』などの作品がある。
　　＊泉鏡花。明治から昭和にかけての小説家。『高野聖』などの作品がある。

　郵便物は,慎重の上にも慎重に取り扱う。そういうことでしょう。そしてこの心こそが大切だということでしょう。それが作家であれ,ビジネスパーソンであれ。

● 技 能 ●

2 秘扱い文書の取り扱いについて初歩的な知識がある

「職務上，知り得た秘密（情報）は決して他に漏らしてはいけない」。これが秘書をはじめ全てのビジネスパーソンに課せられた重要な**守秘義務**です。そしてこの**心得**は，すでに総論として，第Ⅰ章(1)-③で述べた通りです。

さて，この心得を踏まえて行動するとき，秘扱い文書の取り扱いは，実際どのようにすればよいのでしょうか。検討してみましょう。実技編です。

> ＊「Ⅰ-(1)-③機密を守れる，機転が利くなどの資質を備えている」を参照のこと。

事例研究② 秘扱い文書の取り扱いについて初歩的な知識がある　case study

人事部長秘書Ａ子は上司から，「これは採用関係の『秘』資料だが，コピーしてＳ工場長宛てに送ってもらいたい」と指示された。次はコピーして郵送した後，Ａ子が行った一連のことである。中から<u>不適当</u>と思われるものを一つ選びなさい。

1) 発信簿に，送付日，送付物，送付先，送付方法などを記録した。
2) 保存用にコピーし，見本の印を押してＳ工場のファイルにとじた。
3) 上司に送り終えたことを報告し，原本をどのようにするか尋ねた。
4) 原本は保管しておくとのことなので，鍵の掛かるキャビネットにしまった。
5) Ｓ工場長に電話をし，今日，「秘」資料を郵送したことを伝えた。

事例解説　instructions

いかがでしょうか。**不適当な選択肢は2)**になります。

「秘」扱い資料をコピーするときは，**必要数以外はしない**ことが基本なので，保存用にコピーするなどはしてはいけない。従って，それに見本の印を押してＳ工場のファイルにとじるなどはあり得ないので不適当ということです。

では適切な選択肢から，「秘」扱い資料の基本を確認しておきましょう。

まず**選択肢1）**は，前項の事例研究①で学んだ「**重要文書を送るときは，送付先と送付日，送付方法を記録に残している**」，その発信事務のケースです。重要文書である「秘」扱い文書を管理するためには「**いつ，どこへ，何を，どのような方法で送ったのか**」を記録に取って証拠を残しておかなければならないということです。重要な管理業務です。

　　　　＊このケースでの「送付方法」は簡易書留である（封筒には「親展」の表示）。これでこの作業は万全である。

　選択肢3）は，秘書の仕事の基本です。まず郵送し終えたことを上司に報告し，「秘」扱い資料はどうすればよいかの指示を仰ぎます。

　すると上司から，「原本は保管」との指示が出たので，**鍵の掛かるキャビネット**にしまいます。これが**選択肢4）**のケース。「秘」扱い資料の重要な管理業務の一つです。

　　　　＊鍵の掛かるキャビネットに入れること。これが重要書類（原本）の保管の仕方。

　そして秘書Ａ子は**選択肢5）**にあるように，Ｓ工場長に「秘」資料を郵送した旨を伝えます。これで工場長は，近日中に「秘」資料が届くことが分かり，今後の採用関係の計画も立てやすくなります。

　そしてこれが**秘書の秩序立った仕事の仕方**です。

要点整理　　the main point

▶ 秘扱い文書の取り扱いについて初歩的な知識がある

「秘」扱い文書

　「秘」資料の扱いで特に気を付けておかなければならないこと。それはコピーです。情報の漏洩は，余分に取ったコピーをそのままゴミ箱に廃棄したことから起きてしまうケースも多いからです。従って**コピーは，必要枚数だけにし，ミスコピー等が出たらすぐに細断処理**をします。そして**保存は原本だけ**です。出題の意図もここにあります。

　　　　＊またコピーを取るときは，周囲に人がいないかどうかの確認も必要。もちろん，情報の漏洩を未然に防ぐために。

▶ 出題の視点

検定問題では,事例研究②の他,次のような事例が出題されています。事例研究②の類問ですが,ここであらためて確認しておいてください。社内のケースです。

秘扱い文書を配布するとき

秘書A子は上司から「秘」扱い文書を手渡され,コピーして社内の各部長に配布するように指示された。A子はどのような手順で作業を行えばよいか。

◆近くに人がいないことを確かめてから,部長の人数分だけコピーした。

　　＊机上で扱っているときは,関係者以外の人の目には触れないようにすること。

◆文書に「秘」の印を押し,ナンバリングで連番を打った。

◆番号と配布する部長名を配布記録簿に記録した。

◆文書を封筒に入れ封をし,配布した。

　　＊決して「秘文書在中」と書かないこと。関係者以外には「秘」文書であることが分からない方がよいからである。

◆文書の原本は,上司に確認した上でファイルし,鍵の掛かるキャビネットに入れた。

4 ファイリング

1. 簡単なファイルの作成，整理，保管ができる。

1 簡単なファイルの作成，整理，保管ができる

　資料などをきちんと整理し保管するために必要なものがファイル用品です。そのファイル用品は用途によって幾つかの種類があります。どのようなものがあるでしょうか。次の事例から検討してみましょう。

事例研究①　簡単なファイルの作成，整理，保管ができる　　　case study

　次は，ファイル用具の図である。下の枠内からそれぞれ正しい名称を選び，その番号を（　　）内に書きなさい。

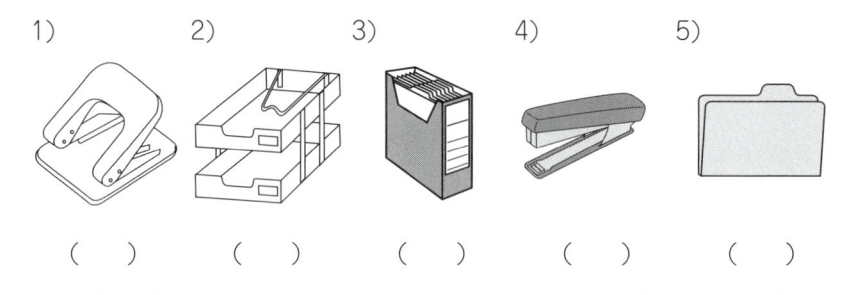

1)　　　　2)　　　　3)　　　　4)　　　　5)

（　）　　（　）　　（　）　　（　）　　（　）

| 1 デスクトレー | 2 ホチキス | 3 フォルダー | 4 レターファイル |
| 5 パンチ | 6 クリップ | 7 バインダー | 8 ファイルボックス |

事例解説　　　　　　　　　　　　　　　　　　　　　　instructions

　さて，上図から適切な名称と使い方がイメージできたでしょうか。では，その一つ一つを見ていきましょう。
　選択肢1) は，パンチ（5）です。書類をとじるための穴を開けるときに使います。
　選択肢2) は，デスクトレー（1）です。机上に置き書類を一時入れておくときに使います。二段トレー，決裁箱とも呼ばれているものです。

選択肢3）は，ファイルボックス（8）です。ファイルした書類などを立てて収納するときに使います。この側面には，資料名（見出し）を書いたラベルを貼ることもできます。

選択肢4）は，ホチキス（2）です。書類を針で留めるときに使います。

選択肢5）は，フォルダー（3）です。書類を挟んで保存しておくときに使います（書類のとじ具は付いていないのが普通）。

要点整理　　　　　　　　　　　　　　　　　　　the main point

▶ **簡単なファイルの作成，整理，保存ができる**

１ ファイリングの目的

「ファイリングというのは書類をただ単にファイルに綴じていくことではなく，書類を『**分類・整理した上で**』綴じこむことが重要なポイント」（オダギリ展子著『オフィス事務の上手なすすめ方』同文舘出版）になります。

そしてこれが**ファイルの作成**ということでしょう。資料の分類と整理です。これで「**必要なときに必要な書類を取り出すこと**」もできるでしょう。ファイリングの目的です。

　　　＊ファイリングとは，「書類や資料，新聞・雑誌の切抜きなどを，業務に役立つように分類・整理すること」（『デジタル大辞泉』）である。特に「業務に役立つ」という意味は重要である。
　　　＊特にファイルの作成に当たって，資料の分類は重要である。
　　　＊書類は，分類・整理した上でとじこむわけだが，ここで適切なファイル用品を選ぶことができればベストである。

２ ファイル用品（用具）について

資料をファイリングするとき，パンチで穴を開けてとじる書類なのか，それとも穴を開けずに保管しておくものなのか，その判断が求められます。そしてこの判断の基になるのがファイル用品の名称と使い方です。この知識があれば，上司が望むファイリングが効率よくできるでしょう。出題の意図もここにあります。

　　　＊なお以下に，その目的に合ったファイル用品の一覧を『ビジネス実務マナー検定受験ガイド３級』から参考として挙げておく。

ファイル用品

バインダー	コンピューターから出力された連続伝票用紙などをファイル。伝票用紙を1枚ずつ切り離してファイルするタイプと，切り離さずにそのままとじるタイプとがある。
パイプ式ファイル	資料の長期保管に適したファイル。パンチで穴を開けてとじるタイプのもので，資料を多量にファイルできる。共有データなどをこのファイルに保管しておくと皆で閲覧できて便利。
レバー式ファイル	パンチで穴を開けずに書類を保管できるファイル。少量の書類収納に最適。
リングファイル	追加や差し替えがスムーズにできるファイル。パイプ式ファイルと同様に，パンチで穴を開けてとじていくタイプ。
フラットファイル	担当者として必要な資料やデータを，いつでも見られるように保管しておくタイプのファイル。パンチで穴を開けてファイリング。
クリアファイル	資料やパンフレットなど，穴を開けずに整理保管したい場合に使うファイル（ビニールのポケットに入れるファイル）。

＊上の一覧は事務用品でもある。

●技能

▶ 出題の視点

検定問題では，事例研究①に見られるように，ファイル用品の種類とその名称，使い方を中心に出題されています。そこでまず，その他のファイル用品の図とその名称や使い方を挙げておきます。これに基づいての応用問題もありますので，ここで確実に覚えておいてください。ファイリングを確実に行うための基礎技能です。

ファイル用品の出題図例

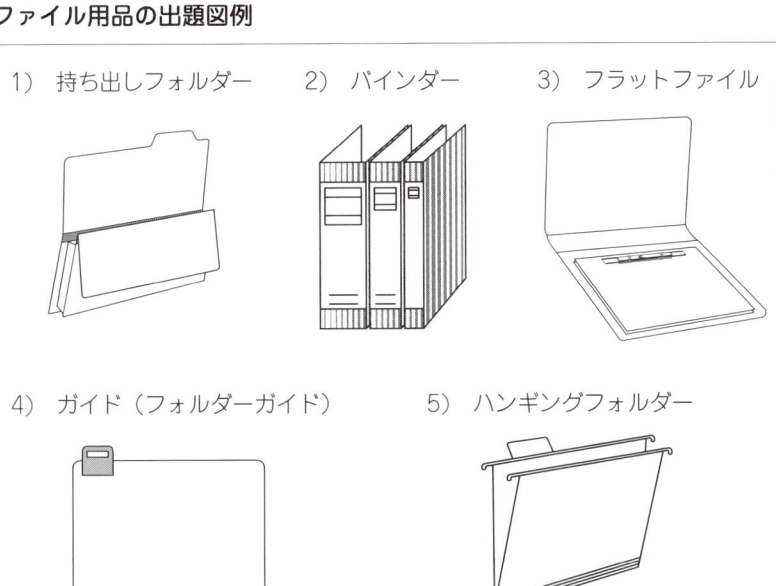

1) 持ち出しフォルダー　　2) バインダー　　3) フラットファイル

4) ガイド（フォルダーガイド）　　5) ハンギングフォルダー

* 「1) 持ち出しフォルダー」とは，貸し出しフォルダーとも言われ，文書を持ち出すときなどに使うフォルダーのこと。
* 「3) フラットファイル（レターファイル）」とは，中にとじ具の付いている書類挟みのこと。
* 「4) ガイド（フォルダーガイド）」とは，フォルダーを探し出しやすいように付けるラベルのこと。
* 「5) ハンギングフォルダー」とは，キャビネットの中にあるハンギングフレームにつり下げてファイルすること。
  † ハンガーに上着を掛けるイメージ。ハンガーがハンギングフレーム。それに掛ける上着がファイル。

なお，検定問題では「ファイリング用品の名称とその図の組み合わせ」の他，その応用として次のような事例も出題されています。ここであらためて確認しておいてください。

＊次節(5)－②と連動している事例である。

カタログの整理と保管
カタログを整理するとき，秘書Ａ子はどのようにしているか。

◆カタログの整理は，製品の比較がしやすいように，製品別にしておく。

＊カタログを整理しておくのは，製造会社は違うが同じような製品の，性能や価格の違いを比較するためである。従って，カタログは製品ごとに整理しておくのがよいというわけである。

◆カタログは製品案内なので，新しいものが出たら，古いものは捨てる。

◆カタログは，抜き出しやすいように，バーチカル方式でファイルしておく。

＊バーチカルファイリングとは，書類を立てて整理する方式。バーチカルファイリング キャビネット（ファイリングキャビネット）に保管。なお，バーチカルとは垂直と言う意味。バインダーなども収納できる。

◆ファイルできない分厚い総合カタログは，書棚に立てて保管しておく。

◆薄いカタログ類の整理は，ハンギング方式でファイルしている。

＊薄いカタログは，ハンギングファイルで整理する。カタログは製品購入の際，性能や価格などを比較検討するためのもの。また，新製品や製造中止などによる追加や削除もある。従って，薄いカタログは差し替えしやすいハンギング式ファイルで整理するのが適当ということになる。

◆新聞や雑誌で紹介された新製品の記事も，カタログと一緒に整理している。

＊これが「ファイルの作成」の好例である。

5 資料管理

1. 名刺，業務上必要な資料類の簡単な整理，保管ができる。
2. 要求された簡単な社内外の情報収集ができ，簡単な整理，保管ができる。

1 名刺，業務上必要な資料類の簡単な整理，保管ができる

秘書にとって名刺の整理は大切な仕事の一つです。なぜなら名刺は，上司にとって**取引上の重要な情報源**になるからです。では，この重要な名刺をどのように整理し，保管すればよいのでしょうか。検討してみましょう。

事例研究① 名刺，業務上必要な資料類の簡単な整理，保管ができる　case study

次は秘書Ａ子が，名刺の整理の仕方について考えたことである。中から適当と思われるものを一つ選びなさい。

1) 名刺の数が多いときの整理は，一覧性のある名刺整理簿でするのがよいかもしれない。
2) 名刺を受け取ったときは，日付を記入しておくと最初の面会日が分かってよいかもしれない。
3) 住所や電話番号などの変更は，1年に1回訂正する日を決めておいてするのがよいかもしれない。
4) 使わなくなった古い名刺でもいつ必要になるか分からないので，別にまとめておくのがよいかもしれない。
5) 名刺は個人のことが書かれているものだから，個人名五十音順で整理すると決めておくのがよいかもしれない。

事例解説　instructions

名刺整理のケーススタディーでしたが，いかがでしたか。適当な**選択肢は2)** になります。なぜでしょうか。最初の面会日が分かれば，その時の**記憶を呼び起こす**とか**取引上の参考**になるからです。

●技 能●

> ＊これ以外では，例えば①紹介者がいればその人の名前を書く②来客の特徴（「白髪で，長身」など）を書く③その日の用件を書く④社名から業種が分からなければ調べて書く，などがある。
> † 難しい読み方をするものには仮名を振る。
> † 男性にも女性にも使われる名前のときは，性別を書いておくとよい。結構大事なことである。

では他の選択肢はなぜ不適当なのでしょうか。検討してみましょう。

まず**選択肢1)** の名刺整理簿ですが，**名刺の数が多いときの整理は名刺整理箱**にするのがよいからです。「名刺整理簿（帳）」は，アルバムのポケットに写真を1枚ずつ差し込むように，名刺をビニールのポケットに1枚ずつ入れて整理（保存）するもの。しかし出し入れには少々不便です。

> ＊「名刺整理箱」とは，名刺を立てて入れることができる箱のこと。出し入れもスピーディーにできる。

選択肢3) の不適当な理由は，訂正はすぐにしないと役に立たないからです。

選択肢4) はもう言うまでもないでしょう。使わない名刺はあっても意味がないからです。

では**選択肢5)** はどうでしょうか。ここで「個人名五十音順で整理すると決めておく」とありますが，これはいささか先走りでしょう。個人名か会社名かは**使いやすさで選ぶ**のがベストだからです。

> ＊名刺は個人名，会社名のどちらで探すことが多いかで分類を決めること。会社名で探すのが多いのであれば，会社名の五十音で整理すればよい。

要点整理　the main point

▶ **名刺，業務上必要な資料類の簡単な整理，保管ができる**

1 名刺を整理，保管する意義

　上司にとって名刺は，**取引上の重要な情報源**の一つです。だからこそ秘書は，来客から受け取った名刺の一つ一つを大切に扱い，顧客情報として**インプット**しています。

　例えば上司から，「先日初めてお見えになったJ社営業部長の田中さん，どういう人だったか覚えていますか」と尋ねられたとき，情報をインプッ

トしている秘書は、即座に応えることができます。出題の意図もここにあります。

> ＊「Ｊ社営業部長の田中さんは、○○の用件でいらっしゃいました。白髪で長身の方でした」などと応えていくわけである。これで上司の記憶は呼び起こされるであろう。

2 業務上必要な資料の整理，保管

書類や資料は一つにまとめないで、項目別や仕事別にしてファイルします。このとき、ファイルに付ける項目（タイトル）は、誰でも内容がすぐ分かるものにしましょう。これですぐ目的のファイルを引き出すことができます。

また書類のうち、見積書や請求書のように書類のタイトルがはっきりしているものは、そのタイトルごとにファイルしておきましょう。

▶ 出題の視点

検定問題では、事例研究①に見られるように、名刺の整理、保管についての出題が中心です。ここであらためて確認しておきましょう。

名刺の整理と保管

秘書Ａ子は名刺の整理と保管をどのような仕方で行っているか。

- ◆普通より小さい名刺や大きな名刺でも、普通の名刺と一緒に「名刺整理箱」で整理している。
- ◆肩書などの変更を知ったら、すぐにその人の名刺を抜き出して訂正している。
- ◆上司の私的な関係の名刺は、数が少ないので「名刺整理簿」で別に整理している。
  > ＊社用の名刺とは別に整理して保管するということ（一緒にしない）。
- ◆不要になった名刺は、自分の判断で破棄している。
  > ＊要らなくなったものは、ということである（不要な名刺は破いて捨てるか、シュレッダーで処分する）。
- ◆初めての客の名刺は、ガイドのすぐ後ろに入れている。
  > ＊初めての客とは限らない。必要があって抜いた名刺を戻すときもガイドのすぐ後ろに入れること。ガイドのすぐ後ろに戻しておけば、その部分は最近使った名刺がまとまっているので、別の名刺を探すとき探さなくてよいからである（抜いた元の場所に戻す必要はない）。

● 技 能

2 要求された簡単な社内外の情報収集ができ，簡単な整理，保管ができる

　上司が必要としている情報(インフォメーション)は，言うまでもなく経営に関するものが中心です。そしてその情報源(ニュースソース)は，新聞，雑誌，書籍など多岐にわたります。そんな上司に対して秘書はどのような仕事を行えばよいでしょうか。

　例えば上司からの指示で，新聞数紙から業界や商品関係の記事をコピーして回覧するようにと指示されたとき，さて，どうするでしょうか。次の事例から検討してみましょう。情報収集活動全般のケーススタディーです。

事例研究② 要求された簡単な社内外の情報収集ができ，簡単な整理，保管ができる case study

　秘書Ａ子の仕事の一つに，新聞数紙から業界や商品関係の記事をコピーして回覧したり，ファイルしたりすることがある。次はそのときのやり方である。中から<u>不適当</u>と思われるものを一つ選びなさい。

1) コピーした記事はサインペンで囲って分かりやすくしている。
2) コピーした記事は，余白に紙名，日付，朝夕刊の別を記入している。
3) ファイルは後から探しやすいように，新聞ごとにするようにしている。
4) コピーするときは，記事の終わりを確認して尻切れにならないようにしている。
5) 小さい記事は見やすいように拡大コピーするが，コピー用紙の大きさは一定にしている。

事例解説 instructions

　さて，不適当な**選択肢は3)**になりますが，どうだったでしょうか。
　業界や商品関係の記事のコピーをファイルしておくのは，それを情報として，必要なときにすぐ見られるようにするためです。従って，情報ごとにまとめておかなければ意味がなく，新聞ごとにするという整理と保管（ファイル）の仕方は不適当ということになります。
　ところで設問に，「**新聞数紙から業界や商品関係の記事をコピー**」という箇所があります。秘書Ａ子自らが新聞数紙を読み，ここから必要な情報

（記事）を集めてコピーしています。そしてこの**作業（情報収集）こそが重要**。これができて初めて，適切な情報の整理と保管もできるからです。

  ＊事例研究②のケーススタディーは，適切な情報収集はできているという前提での設定である。が，この情報収集能力は重要である。このことが適切な情報の整理と保管につながっていくからである。

さて，それでは適切な選択肢を一通り見ていきましょう。この根っこにあるもの。それは，**「読み手」のことを考えて整理している**ところです。

その記事がすぐ分かるように，サインペンやマーカーで囲った**選択肢1）**。読みやすさを考慮した**選択肢4）** と**選択肢5）**。そして，コピーした記事はどこの新聞でいつ掲載されたのかなど，出典（情報源）を明示した**選択肢2）**。

  ＊なお，選択肢2）では省略されているが，「地方版ならその地方版名」も記入しておくとよい。

要点整理　　　　　　　　　　　　　　　　　　　　the main point

▶ **要求された簡単な社内外の情報収集ができ，簡単な整理，保管ができる**

1 情報の収集と整理，保管の意義

上司からの指示で，新聞数紙から業界や商品関係の記事を回覧するとき，秘書は，ただコピーして渡すことはしない。読みやすくしてから回覧します。

でもそれはなぜでしょうか。上司の意図（回覧の目的）は，その記事を読んだ担当者との情報の共有。そして**「知的生産活動」**（安宅和人著『イシューからはじめよ』英治出版）への期待にあるからです。そう，秘書にとって，情報収集と整理，保管は，上司と担当者の事業活動（ビジネス）につながる大切な仕事というわけです。出題の意図もここにあります。

  ＊イシューとは，課題や問題点などのこと。「本当に答えを出すべき課題（イシュー）とは何か」などと使われる。

2 価値のある情報収集活動

ところで，新聞数紙から業界や商品関係の記事を切り抜く（選ぶ）とき重要なこと。それは**会社にとって，上司にとって，何が有効な情報なのか**を常に念頭に置いておくことです。これが適切な情報収集につながってい

きます。
　そのためにも，まずは上司や担当者から業界の話を折に触れ聞くことも大切になってくるでしょう。これが新聞等から情報を集めるときの手掛かりになるからです。そしてこれも情報収集です。

3 新聞・雑誌，書籍，カタログなどに関する用語

　ではここで，書籍やカタログなどに関する用語を一覧にして掲載しておきます。情報収集と整理，保存をするために覚えておきたい基礎用語です。

新聞・雑誌の発行に関する用語

日刊	毎日発行されるもの。
週刊	1週間ごとに発行されるもの。
旬刊	10日ごとに発行されるもの。
隔日刊	1日おきに発行されるもの。
隔月刊	1カ月おきに発行されるもの。
季刊	季節ごとに年4回発行されるもの。
創刊	新しく発行される刊行物のこと。
増刊	臨時に発行される定期刊行物のこと。
広報誌	企業や官庁などが，自らの活動内容を知らせる情報誌のこと。
バックナンバー	すでに発行された雑誌などの号のこと。

カタログ，パンフレット等に関する用語

リーフレット	1枚もののチラシやカタログのこと。
パンフレット	商品などを紹介するための簡単な冊子のこと。 ＊冊子とは，印刷物で雑誌のような形態のもの。
カタログ	商品の性能，用途などを分かるようにした説明書のこと。
総合カタログ	その会社の全商品を紹介するカタログのこと。
スクラップ	新聞，雑誌などの切り抜き（クリッピング）のこと。

その他の用語

総目次	１年分などを単位として，目次をまとめたもの。
コンテンツ	提供される情報の内容のこと。本の目次。
索引(さくいん)	本の中の語句がどのページにあるかの一覧。
奥付(おくづけ)	著者名，発行所（出版社），発行日などが載っているページのこと。
既刊	すでに発行された書籍などのこと。
乱丁(らんちょう)	本などのページの順番が乱れていること。
改訂	本などの内容を改め直すこと。

▶ 出題の視点

検定問題では，事例研究②や前掲の用語の他，次のような事例が出題されています。確認しておいてください。

①社内情報

秘書Ａ子は上司から，「売掛金回収率」の資料と「株主名簿」を借りてくるようにと指示された。Ａ子は，それぞれどの部署に出向けばよいか。

◆「売掛金回収率」の資料は経理部に出向く。
◆「株主名簿」は総務部に出向く。

　＊どの部署にはどのような資料が保管されているか。これは秘書にとって重要な一般知識（経営に関する知識）である。上司（マネジメント）とともに仕事をしている秘書にとって，何も知らないでは済まされないからだ。例えば，健康診断や社員採用は人事部（厚生），備品の調達は総務部，マーケティングは営業（販売）部などがそうである。

　　†「第Ⅲ章 一般知識」の「(2)経営に関する初歩的な知識」を確認のこと。会社組織の構成と各部門の役割を解説している。

②社外情報（取引関係）

秘書Ａ子は取引先Ｙ社のＫ氏から，来月事務所を移転することになったと言われた。このときＡ子はＫ氏にどのようなことを尋ねればよいか。

◆「移転は来月とおっしゃいましたが，何日の予定でしょうか」

- ◆「移転される場所は，どちらになりますか」
- ◆「お電話番号はどのようになりますか」
- ◆「○○町ですと，最寄りの駅は○○でございましょうか」
    - ＊「最寄り」とは，そこから最も近いこと。

③社外情報（マスメディア関係）

秘書Ａ子は上司から，新聞，雑誌，書籍を渡され，「これを資料にするので保存するように」と指示された。このときＡ子はどのような保存の仕方をすればよいか。

- ◆雑誌は，必要記事を切り抜いてファイルしている。
- ◆新聞は，必要記事をコピーしてファイルしている。
    - ＊切り抜きたい記事が両面にあるときは，片面をコピーする。
    - ＊記事が小さくても大きくても，コピー用紙の大きさは一定にする。
    - ＊コピーした記事の整理保存は，コピーした用紙をそのままファイルする。
- ◆新聞，雑誌ともテーマが同じなら，一緒にファイルしている。
    - ＊媒体別にファイルする必要はないということ。
- ◆書籍は，参考にしたいという部分に付箋を貼っている。

いずれにせよ社外からの情報は，冠婚葬祭から会社（経営）情報に至るまで多種多様です。そしてここで大事なことは，**上司に必要な情報とは何か**ということを常に考え，行動するということでしょう。

Column

情報の伝達

情報の共有

　上司から,「この新聞と雑誌の切り抜きを,Ｋ部長にも渡しておいてください」と言われたとき,さて,あなたならどうするでしょうか。もちろん,コピーを取って渡すこともできますが,例えばＫ部長が情報整理のほとんどをパソコンで処理している人だったらどう対処するでしょうか。

　こんなことを言っている人がいます。野口悠紀雄さん（早稲田大学大学院教授）です。早速,その話を聞いてみましょう。『ビジネス実務マナー検定受験ガイド３級』と共通事例です。

　「資料をＰＤＦで送ってくれること」だ。ファクスや紙のコピーでは駄目である。なぜなら,その場合には,紙を整理,保存しなければならないからだ。ＰＤＦで送ってくれれば,こちらが何をしなくとも,その資料は私のデジタル・オフィスの戦力になってくれる。雑誌や新聞の切抜きをＰＤＦで送ってくれる友人も,大変ありがたい。

　　　　　＊ここで野口さんは「ＰＤＦを作るのは,スキャナさえあれば
　　　　　　ごく簡単なことである」と語っている。

　　　　　　　　　　（野口悠紀雄著『超「超」整理法』講談社）

　さて,ここで重要なこと。それは,**相手が資料を受け取った後のことまで考えて適切な伝達の手段を取る**ということ。そして,その一例がＰＤＦ（電子文書）ということなのでしょう。**「資料を送る手段にも配慮を」**というわけです。

　　　　　＊「ＰＤＦ（ポータブル・ドキュメント・フォーマット）」で文
　　　　　　書を送ると,レイアウトやフォント,デザインなどが変形す
　　　　　　ることなく,しかも安全確実に相手に届けられる（普通に,
　　　　　　メールに添付して文書等を送ると,パソコンの機種によって
　　　　　　はレイアウトや文字等が変形することがある）。

6 スケジュール管理

> 1 上司の簡単なスケジュール管理ができる。

1 上司の簡単なスケジュール管理ができる

　上司のスケジュール管理は，秘書にとって重要な仕事です。そしてスケジュールを作成し管理するためには，**秘書ならではの気遣い，気配り**が必要です。

　では，スケジュール管理における気遣い，気配りとはどういうことでしょうか。次の事例から考えてみましょう。

事例研究①　上司の簡単なスケジュール管理ができる　　　case study

　秘書A子は上司のスケジュール管理をしているが，スケジュール通りにいかないことがある。次の「　　」内はA子が対策として考えたことである。中から<u>不適当</u>と思われるものを一つ選びなさい。

1） 社外の会合に出掛ける途中で交通渋滞に遭いそうなときは
　「会合に出掛けるときの所要時間に余裕を持たせるようにしようか」
2） 予定があるのに，外出からの戻りが遅れることがあるので
　「外出するとき，戻った後の予定を書いたメモを渡すことにしようか」
3） 他に予定があるのに急に社内会議に招集されることがあるので
　「招集責任者に，ほかの予定に支障が出るので早めに連絡をもらいたいと頼んでおこうか」
4） 体調がよくないと言って午後に退社することがあるので
　「顔色などに気を付けていて，気配を感じたら午後の予定について尋ねることにしようか」
5） 上司が外で面会の約束をしてきたことをA子が知らないことがあるので
　「外で約束をしてきそうな人と会って戻ったときは，約束をしなかったかを確認することにしようか」

●技能

> 事例解説　　　　　　　　　　　　　　　Instructions

　不適当な選択肢は3) になりますが，いかがでしたか。
　会議にはその会議に必要な人に出席してもらわないといけないから，予定をしてもらうため早めに連絡があるのが普通でしょう。でも急な招集は，早めの連絡ができない事情があってのこと。それを早めにというのは無理なことなので，頼むのは不適当ということです。このような場合は，「急な会議招集の連絡が入りました。他に予定が入っていますが，どうしましょうか」と，まずは上司に報告し指示を待ちます。このとき「会議に出席するよ」と言われたら，秘書はスケジュールの調整に入ります。これがスケジュール管理です。

>　＊急な会議の招集はよくあること。そして出席するかしないかは上司の判断。上司に報告する前に，「早めに連絡をもらいたい」と言うのは，社内事情に無頓着なケース。

　では適切な選択肢から，秘書ならではの気配りのケースを見ていきましょう。
　選択肢1) の「所要時間に余裕を持たせる」ことは重要なことでしょう。社外の会合で時間に遅れてしまうことは，あってはならないことだからです。そして，出掛ける時間を気にしていて，「そろそろお出掛けのお時間です」と声を掛けることでしょう。

>　＊上司は，出掛ける時間は分かっているはずだからといって，放っておかない。そして「道路交通情報」などにも注意を払っておくのが秘書。

　選択肢2) も重要です。面会の約束に遅れることがあるということは，来客に迷惑を掛けてしまうことにもなるからですが，もちろん，これだけではありません。来客の心証を害してしまうこと，なきにしもあらずだからです。「なんだ，約束の一つも守れないのか」と。このようなことにならないためにも，確認のメモを渡す必要があります。これによって，**上司のステータスを守る**こともできます。**信用**です。そしてこれが**秘書の仕事**ということになるでしょう。この細かな配慮（気遣い）をもって。

>　＊どんな小さなことでも約束したことは守る。これが信用につながり，事業の発展につながっていく大本だからだ。哲学者ニーチェもこう語る。「待たせるのは不道徳」（『超訳　ニーチェの言葉』ディスカヴァー・トゥエンティワン）と。

227

さて**選択肢4)**はどうでしょうか。上司のために気を使うことは仕事上のことだけとは限りません。体調もその一つです。そしていつでも気にしていて，その気配を感じたらすかさず「午後に入っている予定はどうするか」などと尋ね，もし退社するとなったら，すぐにスケジュールの調整に入ります。その関係者にスケジュールの変更を頼むために。

> ＊なおこのとき，「お顔色が優れませんので，お帰りになったらいかがですか」などと出過ぎた言い方はしない。体調のことは上司本人がよく知っているし，帰るか帰らないかは上司が決めること（重要な案件がある場合は帰らないことだってある）。秘書の「午後のスケジュールは予定通りでよろしいでしょうか」という言い方（確認）で，上司は秘書の気遣いが十分に分かるだろう。気遣いは言葉遣いに表れる。そんな事例である。

　そして選択肢5)。上司が面会の約束をしてきたことをA子に伝えない。当然，予定表に記入できない。これは，何と言いましょうか，上司によってはよくあることかも知れません。が，これは，ともするとダブルブッキングになってしまう可能性もあります。でも「言わない上司がいけないのだ」というのは「俗」な感覚です。秘書はこのようなことは言わない。そういう上司であることをよく見ていて，それなりの確認をします。これが上司と秘書の関係です。そしてこれは，ビジネスパーソンにも求められている**気配りの感覚（秘書技能）**でしょう（コラム「スケジュール管理」参照）。

> ＊「うちの部長はいつもそうなのよ，困っちゃうわ」では，秘書の仕事は務まらないということだ。

要点整理　the main point

▶上司の簡単なスケジュール管理ができる

スケジュール管理

　スケジュール管理の根底にあるのは，「**上司を手助けするのだ**」という**使命感**（ミッション）です。その使命を果たしているのが，適切な選択肢にある事例です。

　そしてスケジュール管理で心しておかなければいけないこと。それは**事務的にだけ事を進めてはいけない**ということです。「他に予定があるのに

急な会議の招集は困る。早めに連絡してもらいたい」という選択肢3)のケースです。予定はあくまでも予定です。スケジュールに変更は付き物ですから，かたくなにスケジュール通りに進めようとせずに，上司に指示を仰ぎ，変更するならその調整に入るべきでしょう。これがスケジュール管理であり，上司を手助けするということです。出題の意図もここにあります。

> ＊上司がスケジュール通りに動くのは，秘書のためではない。仕事を効率的にこなしていくためである。変更もその一つである。

▶ 出題の視点

検定問題では，事例研究①の他，次のような事例が出題されています。確認しておいてください。

①スケジュール管理をするときの心掛け
上司の予定や予定表の管理について心掛けていることは何か。
- ◆社外の会議の場合は，会社を出る時間も記している。
- ◆上司の私的な予定は口外しないようにしている。
- ◆予定表を変更するときは，何を変更したか分かるような直し方をしている。
- ◆いつも予定時間に終わらない会議の後の予定は，時間に余裕を持たせてから入れている。

②スケジュールを組むとき
秘書Ａ子は上司のスケジュールを組むとき，面会の予約をできるだけ入れないようにしている場合がある。それはどのようなケースか。
- ◆業務時間外
- ◆出張から戻る日
- ◆外出の直前，直後
- ◆昼食時間の直前，直後

> ＊上司の面会予約をできるだけ入れない場合とは，そこに入れると上司の負担になるから。Ａ子は上司を手助けするための存在だから，なおさらのことである。

Column

スケジュール管理

スケジュール表の作成

「**スケジュール管理は、秘書の大事な仕事**」。そう語るのは、ベストセクレタリー中村由美さんです。そんな中村さんのスケジュール作成法をここに紹介しましょう。

　上司のスケジュールを管理する際には、上司にとって見やすく、わかりやすいスケジュール表を作成することが大切です。紙ベースか、データベースかなども、企業によって異なりますが、ここでは私なりの作成法をご紹介します。

　私は、ここ10年ほど、3人の上司のスケジュールをパソコンによるデータで管理していました。しかし、パソコンは不測の事態によってデータが失われてしまう恐れもあるため、社長室にはホワイトボードのスケジュール表を置き、パソコンの内容と連動させていました。さらにバックアップを兼ねて、紙ベースのスケジュール表を作成していました。こちらは変更があった際にすぐ書き直せるよう、鉛筆書きです。最近はスマートフォンでスケジュール管理するケースも増えているようですが、機械の類は完全ではありません。保険として、紙ベースのスケジュール表も作っておいたほうが安全でしょう。

　データのスケジュールは社内の人間も見ることができるので、その空き状況に合わせて、上司とのアポイントを入れておきます。そのため、スケジュール表を共有する場合は、誰が見てもわかりやすい文字と表現で書くことが必要になります。そうでなければ、わざわざスケジュール表を公開する意味がないからです。手書きであれば丁寧な文字を書くのはもちろんのこと、社内に浸透していない略語や名称を使ってはいけません。

＊中村さんは、スケジュール表に記載する予定は、その内容によって色分けしているという。例えば、定例会議や打ち合わせ、報告会は「青」、店舗巡回や視察は「紫」などと。視覚的に分かりやすくしているわけだ。

（中村由美著『日本一のプロ秘書はなぜ「この気遣い」を大事にするのか？』プレジデント社）

これがスケジュール作成の基本でしょう。細心の注意を払い，不測の事態を「万に一つ」も招かないようにしています。

ダブルブッキングの悲劇

でも，この「万が一」がときに起きてしまうことがあります。そのケースを，中村由美さんのダブルブッキングの体験から見てみましょう。

　　　　　　＊少し長い引用になるが，この事例は仕事をしていく上でとても重要なことを述べている。特に「秘書はかくあるべき」という心構えを。

　宗次夫妻の秘書になってしばらくした頃のことです。宗次が商談のため外出して間もなく，一人のお客さまが宗次を訪ねて弊社にお出でになりました。
　えーっ，どういうこと!?
　血の気が引きました。慌ててスケジュールを確認したのですが，そのお客さまとの面談の予定はなし。その時間，宗次は「商談にて〇〇〇商事」とあります。しかし，お客さまは，「今日のこの時間にお約束をさせていただきました」とおっしゃいます。
　うわー，どうしよう!?
　宗次の商談と，そのお客さまの面談が同日同時刻に入っている。それは紛れもないダブルブッキングでした。
　書き忘れちゃったのかな……。冷や汗が出て，心臓はバクバク!
　でも，いま何より考えなければいけないのは，わざわざ予定を入れてお越しいただいたのに，こちらの不手際から当の宗次が不在で無駄足になってしまったお客さまのこと。とにかく平身低頭，お詫びの言葉を尽くしました。
　「秘書の中村と申します。このたびは私の不手際でこのようなことになってしまい，まことに申し訳ございません」
　そして，その場でお客さまの予定をお聞きし，宗次の予定とすり合わせ，最優先で改めて面談のお約束をさせていただきました。
　宗次が帰社してすぐに，事の次第を報告したところ，
　「予定をきちんと管理しなさい」
　と厳しく叱られました。

ダブルブッキングをするなんて、秘書失格、何ということだ……。
　正直、かなりへこみました。でも、起きてしまったことは仕方がない。二度とこのようなことがないようにしっかりしないと──。そう心に誓ったのです。
　ところが、それからしばらくして、またもやトラブル発生！　今度は同日同時刻に二組のお客さまが、弊社受付で鉢合わせしてしまったのです。
　幸い一組のお客さまは、「面談できるならお待ちします」とおっしゃっていただき、宗次の予定も調整できたので、何とかその事態を乗り切ることはできたのですが、それにしても先のダブルブッキング以来、スケジュール管理は慎重のうえにも慎重を期していましたから、万に一つもこのような事態が起きるとは考えられませんでした。
　それでも、スケジュール管理は秘書の大事な仕事。結果的にそのような不手際が起きたのは、私の責任でした。
「またこのようなことが起きてしまい申し訳ございません。今度こそ気をつけます」
　そう言って宗次に頭を下げました。
　その数日後だったでしょうか。ふと宗次を見ると、デスクの日めくりカレンダーをめくりながら、予定表に目をやっています。そのとき秘書の勘とでも言うのでしょうか、ピンとくるものがありました。その日の終業前、いつものように宗次のデスクを整理しているとき、日めくりカレンダーに目を向けました。
　すると驚いたことに、私の知らない予定がメモ書きされていました。ダブルブッキングの謎は、その瞬間、ピンとくるものがありました。それは宗次が直接電話で相手と約束した予定でした。この予定を私は確認できていなかったのです。これではダブルブッキングが起きるのも無理はありません。
　なぜ、もっと早くこの日めくりカレンダーに気づかなかったんだろう？
　と思いました。そうすれば、二度のダブルブッキングは起きずにすんだのです。
　なぜ、朝のスケジュール確認のとき、一言、社長にこう聞けなかったんだろう。今日の予定はこうなっていますが、ほかに何か予定はございませんかと。そうすれば、少なくとも朝の時点で予定の重複に気づき、申し訳ありませんがと、お客さまとの間でスケジュールの再調整ができたのに──。

つまり壱番屋の秘書になったばかりで、オープンマインドの姿勢に欠けていたのです。宗次を理解して、しっかりサポートしようという気持ちがほんとうにあったなら、もっと心を寄せて、日頃の観察もできたし、電話の会話からでも情報は収集できたはずです。「ほかに予定はございませんか」と、積極的に情報交換することも可能であったはずです。それができていなかった。
　だから宗次が入れた約束を共有できなかったことが原因で起きた二つの不手際でした。
　そうしたら、数日後、宗次がこう言ったのです。
「予定が入ったから」
　不手際を起こした私に念を押したのかもしれませんが、自分で入れた予定もすべて伝えていただけるようになり、非常に仕事がやりやすくなりました。そして、こちらもオープンマインドでいっそう宗次を理解するように努めました。
　秘書としての未熟さ、オープンマインド、観察力、先読みの大切さ──。
　二度のダブルブッキングは、それらを教えてくれた貴重な失敗体験でした。
　　　　　（中村由美著『日本一秘書の気配り力』祥伝社黄金文庫）

　上司を「理解して、しっかりサポートしようという気持ちがほんとうにあったなら、もっと心を寄せて、日頃の観察もできたし、電話の会話からでも情報は収集できたはず」。そう中村さんは語っています。**上司あっての秘書（上司を手助けする存在）**だからなおさらのことでしょう。そしてこれが秘書の仕事の基本です。だからこそ，責任の全てを自分が受け入れることもできるのでしょう。**秘書技能の根幹にある心得**(ヒューマンスキル)です。

　　　＊そして中村さんは『「誰かのため」が、「自分のため」につながる』（あさ出版）の中で、こうも語っている。「同じ失敗を二度しないのが、／上司の期待を裏切らない人」と。そう，だからこそ既述した「心得」が大切になってくる。秘書としての資質が技能を高めていくということだ。

7 環境, 事務用品の整備

> 1 オフィスの簡単な整備, 管理, および事務用品の簡単な整備, 管理ができる。

1 オフィスの簡単な整備,管理,および事務用品の簡単な整備,管理ができる

　オフィスの整備とは，上司の部屋の環境を整えるということ。例えば上司の机の上の整理整頓や書棚，キャビネットの整理などがそうです。
　では，秘書にとって環境整備はなぜ必要なのでしょうか。次の事例から考えてみましょう。

　　＊事務用品とは，シャープペンシルやボールペン，付箋などのこと。在庫があるかどうかを確認し，少なくなってきているものは補充する。これが整備と管理。

事例研究① オフィスの簡単な整備,管理,および事務用品の簡単な整備,管理ができる　case study

　次は新人秘書Ａ子の，「上司の部屋の環境整備はなぜ必要なのか」という質問に，先輩秘書が答えたことである。中から<u>不適当</u>と思われるものを一つ選びなさい。

1) 上司が快適に仕事ができるようにするため。
2) 来客に対してきちんとした印象を与えるため。
3) 上司の地位にふさわしい部屋の品格を保つため。
4) 上司の部屋の印象は，会社の印象につながるため。
5) 環境整備が秘書と上司の信頼関係の基になるため。

事例解説　instructions

　不適当な選択肢は5) になりますが，いかがでしたか。
　上司の部屋の環境整備は，上司が働きやすく，また，来客など社外から訪れる人によい印象を持ってもらうなどのために必要があってするのである。秘書と上司の信頼関係の基になるためということではないので，これは不適当ということです。
　では適切な選択肢から，秘書ならではの気配りのケースを見ていきま

234

しょう。

選択肢1) は，部屋が整っていれば，上司が気持ちよく仕事ができる。雑然とした室内環境では快適に仕事ができないということです。これはもう，言うまでもないことでしょう。

> ＊整然とは，きちんとして正しく整っていること。秩序正しく整っていること。

そしてこの整然とした室内環境は，**選択肢2)，選択肢3)，選択肢4)** に見られるように，**会社と上司のステータスを高め，信頼を得ていく**ことにつながっていきます。重要なことです。秘書は，上司（会社）のために仕事をしているのですから。

> ＊一般の事務スタッフもこの視点は必要である。上司（会社）のためということは，会社の事業貢献につながっていくからである。

要点整理　　the main point

▶オフィスの簡単な整備，管理，および事務用品の簡単な整備，管理ができる

1 環境整備の目的

環境整備の目的は，清掃業者のように，ただ室内の床をくまなくきれいにすればよいというものではありません。毎日，ブラインドに羽根ばたきをかけたり，書棚のガラス戸をガラスクリーナーで拭いたりと，環境整備のための仕事は数多くあります。そしてこの日々の作業の積み重ねが来客から好感を持たれるのです。そう，毎日です。そしてこれは**来訪者全ての人に対するマナー**でもあるでしょう。出題の意図もここにあります。

> ＊環境整備についてこんな話がある。森信三（教育者）のある日の教室での行動である。
>
> 　先生、今日は教室へ入られると、すぐに教壇へは立たれないで、スッと廊下ぞいに、教室の後ろの入口の辺まで行かれた。そしてそこの紙屑箱の外に落ちていた紙屑を拾って、箱の中へ入れた後、教壇に立って礼がすむと、そのまま黒板に向かって題目を書かれた。その間先生は、われわれに対しては、一言もおっしゃらなかった。
>
> 　　　　　　　　　　　　（森信三著『修身教授録』致知出版社）
>
> †例えば事務室内に紙くずが落ちていたらどうするだろうか。もちろん拾ってくず籠に入れるのが普通だろうが，そうとばかりいえないから世間というものは厄介だ。ごみが落ちているのを「当たり前の

風景」として見てしまうからだろうか。だが，職場も教室も神聖な場所。このことを忘れずに清潔な環境づくりを心掛けるべきだ。まずは『ひとつ拾えば、ひとつだけきれいになる』(鍵山秀三郎著，ＰＨＰ研究所)をモットーに。

２ 事務用品

事務用品は，仕事の能率化を図るための道具(ツール)です。この事務用品には，(4)－①「ファイリング」(P.210)で説明したファイル用品などがあり，毎日頻繁に使われています。

そして事務用品は，会社の大切な共用備品であるということです。従って，ルールとマナーを守り，皆で大切に取り扱っていく必要があるでしょう。これが**仕事をしていく上での作法**です。

ではここで，ファイル用品以外の事務用品と文房具の例を挙げておきましょう。

事務用品の一例

ホチキス	穴開けパンチ	ゼムクリップ	レターオープナー
フォルダー	はさみ	カッター	テープのり
セロハンテープ	スティックのり	日付印	認め印
朱肉	スタンプ台	デスクトレー	ＰＣ掃除用品

文房具の一例

シャープペンシル	ボールペン	サインペン	ラインマーカー	付箋
定規	修正テープ	修正液	消しゴム	

なお，自分用として，万年筆，シャープペンシル，ボールペンなどは，常に携帯しておくこと。これも秘書の心得の一つである。

３ オフィス家具

オフィス家具とは，フォルダーを収納するための戸棚である「**キャビネット**」やファイルなどを立てて並べる「**保管庫**」，「**書架(本棚)**」などのことをいいます。また，**パソコンデスク，事務机，会議テーブル，椅子，ロッカー**(コートやバッグなどの私物を入れておく家具)などもそうです。これでオフィス家具のイメージはできたでしょうか。

ではここで，その他のオフィス家具も見ておきましょう。

● 技能

オフィス家具

パーティション	部屋の中を間仕切りしたり，目隠ししたりするついたてのこと。
サイドテーブル	応接室などでお茶を出すときにお盆などを置く台のこと。
サイドデスク	補助的に机の脇に置くデスクのこと。引き出しの付いたものなど各種ある。
脚立(きゃたつ)	踏み台（はしご）のこと。
カウンター	受付などで来客と対面する台のこと。
スツール	応接室などで補助に使う背のない椅子のこと。
ドアチェック	開けたドアを自動的に静かに閉めるためのもの。ドアの上の方に取り付けてある。

4 事務機器(オフィス)

　事務機器は，事務用品と同様に仕事の能率化を図るための道具(ツール)です。そしてコストの削減と仕事のスピード化を目指します。次にその代表的な機器を挙げておきましょう。

オフィス機器の機能

コピー機	文書や書類などを複写する機器。原本の拡大縮小（倍率選択）やインク濃度の調整，用紙の自動選択，自動原稿送り，枠消し（厚い本をコピーするとき，周りや中央に出る黒い枠を消す）などの機能がある。
ファクス	電話回線を使って文書を送る機器。ファクス番号の短縮登録機能や文書などを複写できる機能もある。
スキャナー	紙から図形や写真を読み取って，画像データとしてパソコンに転送する機器。
シュレッダー	機密書類などを細断する機器。これによって，情報の流出等を防ぐ。
ボイス（IC）レコーダー	音声を録音する機器。会議などで使われる。
ラベルライター	ファイルの題名表示などを作成するときに使う。ＰＣに接続して編集できる高機能のものもある。ラベルプリンター。

プロジェクター	パソコンの画面をスクリーンに投影する機器。そして，画面に表れた図などをレーザー光線で指し示す道具が**レーザーポインター**。
電子黒板(ホワイトボード)	ボードに書いたメモや図を複写できる機器。また，ＰＣ上から操作できる機能を持つホワイトボードもある。
チェックライター	手形，小切手，領収書などに金額を刻字する機器のこと。

▶ 出題の視点

　検定問題では，事例研究①の環境整備と，事務用品についての事例が出題されています。確認しておいてください。

①環境整備

上司の出社前に行う上司の部屋の点検にはどのようなことがあるか。

◆上司のデスクのそばにあるごみ箱は空になっているか。
　　＊少しでもごみが入っていたらすぐに捨てに行く。

◆上司のデスクの上が整然としているか，メモ用紙などが残り少なくないか。
　　＊事務用品の点検をして，必要なら補充をしておくことも大切だ。

◆上司の机上のものが，定位置に置かれているか。

◆応接セットに乱れはないか，テーブルに手の跡などがないか。

◆照明は点滅していないか。
　　＊点滅していたら，総務部へ蛍光灯の交換を依頼する。

上司の部屋を整備するとき，どのようなことに気を付けて行えばよいか。

◆上司の革張りの椅子は乾いた柔らかい布で拭く。
　　＊応接セットの革張りのソファも同じ要領で拭くこと。固く絞った雑巾は厳禁。

◆電話機とパソコンは化学雑巾やOA機器用のはたきを使う。
　　＊化学雑巾は静電気を利用してほこりを取ることができる。水拭きは厳禁。事務機器に水が染み込むことがあるからである。

◆机の上は，固く絞った雑巾で拭き，その後乾いたタオルで拭く。

備品などの汚れは何を使って落とせばよいか。
◆陶器の置物ははたきで払い，観葉植物の葉は湿らせたティッシュペーパーで汚れを取る。
　　＊観葉植物の葉が幅広く大きい場合は，ぬれた布でほこりを落とすとよい。
　　＊観葉植物の土の乾きに気を付け，必要に応じて水をやる。
　　＊休日の前日には，土がまだ乾いていなくても多めに水をやっておく。
◆壁に掛けてある油絵の画面のほこりは，筆の穂先で払う。
◆電話機とパソコンの汚れはＯＡ用クリーナーを使って落とす。
◆スチール製キャビネットの上は，固く絞った雑巾で拭く。
◆応接セットのテーブルは木製でニス塗りなので，固く絞った雑巾で拭く。

室内の環境整備にはどのようなことがあるか。
◆エアコンは，風が直接上司や来客に当たらないようにする。
◆窓から西日が差し込むときは，ブラインドを下ろして日を遮っている。

応接室の整備では，毎日どのようなことを確認すればよいか。
◆時計は正しい時刻になっているか。
◆観葉植物に水やりの必要はないか。
◆応接テーブルや椅子，その他の物に汚れはないか。
◆応接テーブルや椅子は整った置き方になっているか。

②**事務用品**
事務用品はどう使うか。
◆印を押すときは，鮮明に押せるよう，用紙の下にゴム製の「**捺印（なついん）マット**」を敷いて使う。
◆書類に印鑑（実印など）を押すときは，スタンプ台は用いずに「**朱肉**」を使う。
　　＊スタンプ台は，ゴム印を押すときに使うものである。
◆印を押したときなどは，早く乾かすために厚手の「**吸い取り紙**」を使う。

記述問題　an essay question

「Ⅳマナー・接遇」と同様に「Ⅴ技能」でも，記述形式での問題が出題されています。ここでは，その事例の幾つかを検討してみましょう。選択問題をどの程度理解しているかを見る，いわば**総合実践問題**です。

＊「要点整理」と「出題の視点」を確実に理解していれば，十分に対応できる。そして，その基本は選択問題にある。

事例研究①-1　ビジネス文書の表記　case study

次は社外文書の一部である。下線のカタカナ部分を漢字に直しなさい（漢字の正確さも採点します）。

1) (a)ハイケイ　時下ますますご(b)ケンショウのこととお喜び申し上げます。

2) (a)ヘイソは格別のご高配にあずかり，厚く(b)オンレイ申し上げます。

3) 何とぞ(a)イッソウのご支援を(b)タマワりますようお願い申し上げます。

解　答　例　an answer example

1)　a　拝啓　　b　健勝
2)　a　平素　　b　御礼
3)　a　一層　　b　賜

●技能●

事例研究①-2　ビジネス文書の構成　　　　　　　　　　　　　　　case study

次の「　」内の内容と，その他必要なことを点線の枠内に書き入れ，社内文書として完成させなさい。

「12月10日（金）9時から11時まで，第一会議室で行う」

```
                                        経発第○○号
                                        平成26年11月15日
    課長各位
                                        経理部長

              平成27年度予算説明会の開催について（通知）

    標記説明会を下記の通り行うので，出席してください。

    ┌ ─ ─ ─ ─ ─ ─ ─ ─ ─ ─ ─ ─ ─ ─ ─ ─ ─ ─ ─ ─ ┐
    │                                                      │
    │                                                      │
    │                                                      │
    │                                                      │
    └ ─ ─ ─ ─ ─ ─ ─ ─ ─ ─ ─ ─ ─ ─ ─ ─ ─ ─ ─ ─ ┘

                                        担当　経理課○○
                                        （内線　・・・）
```

解答例　　　　　　　　　　　　　　　　　　　　　　　an answer example

```
                         記
     1. 日時    12月10日（金）　9時から11時まで
     2. 場所    第一会議室                    以上
```

＊時間は，「9：00～11：00」などもよい。

241

> **事例研究②-1** グラフの作成A　　　　　　　　　　　　　　case study

次の表は，P製品のA社とB社の売上高伸び率の推移を示したものである。これを見やすいグラフにせよ（定規を使わずに書いてよい）。

社名＼年	平成23	平成24	平成25	平成26
A 社	3.5%	7.6%	2.8%	5.0%
B 社	4.8%	2.5%	3.8%	4.5%

> **解 答 例**　　　　　　　　　　　　　　　　　　　　an answer example

P製品のA社とB社の売上高伸び率の推移

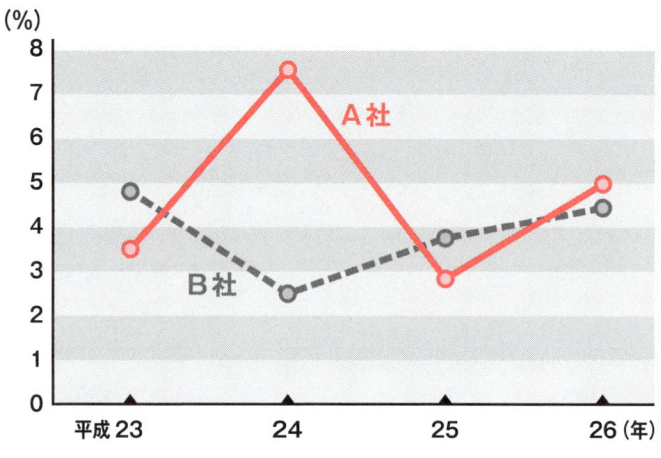

＊推移とは，年によって変わる状態をいう。これを分かりやすいグラフにするということになると折れ線グラフになる。

＊Ⅴ－(2)－②の事例研究（P.195）の選択問題5）で示した具体例が上図である。

242

●技 能

事例研究②-2　グラフの作成B　　　　　　　　　　case study

次の表は，工場別の正社員と派遣社員数を示したものである（平成27年12月現在）。この表に基づいて，正社員と派遣社員数と合計人数を見やすくしたグラフにしなさい（定規を使わないで書いてもよい）。

工場名	A	B	C
派遣社員	15	30	25
正 社 員	35	40	30
合　　計	50名	70名	55名

解答例　　　　　　　　　　　　　　　　　　　an answer example

工場別　正社員・派遣社員数（平成27年12月現在）

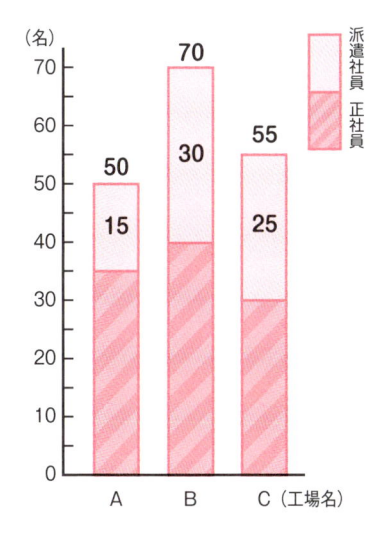

(名)

	A	B	C
派遣社員	15	30	25
正社員	35	40	30
合計	50	70	55

凡例：派遣社員／正社員

（工場名）

243

事例研究③ 文書の取り扱い　case study

　下は郵便の封筒のあて名である。この郵便を，山田一郎氏に直接開封してもらいたいとき，□の箇所にはどのような言葉を書き入れればよいか。それを書きなさい。

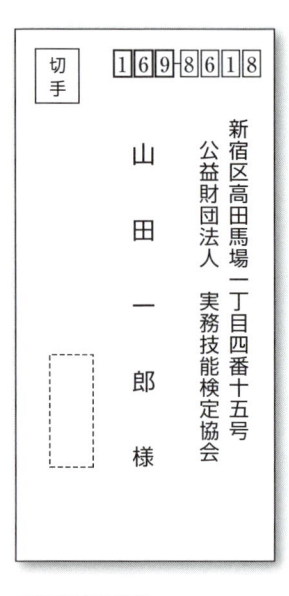

```
切手　169-8618
山田一郎　様
新宿区高田馬場一丁目四番十五号
公益財団法人　実務技能検定協会
```

解答例　an answer example

　「親展」と書く。親展とは，名あて人本人が開封してくださいという意味である。

>　＊親展以外の内容表示については，Ⅴ－(3)－①の要点整理（P.199）を参照のこと。もちろん書く場所は同じである。

引用・参考文献
（順不同・敬称略）

ジェームズ・アレン著／葉月イオ訳『幸福に通じる 心の品格』（ゴマブックス）
ジェームズ・アレン著／坂本貢一訳『「原因」と「結果」の法則』
　　　　　　　　　　　　　　　　　　　　　　　　（サンマーク出版）
サミュエル・スマイルズ著／本田健訳『品性論』（三笠書房）
サミュエル・スマイルズ著／竹内均訳『自助論』（知的生き方文庫）
スティーブン・R・コヴィー，ジェームス・J・スキナー著／川西茂訳
　　　　　　　　　　　　　　　　　　　『7つの習慣』キング・ベア出版
ミシェル・ド・モンテーニュ著／宮下志朗訳『エセー3』（白水社）
アリス・カラプリス編／林一，林大訳『増補新版 アインシュタインは語る』
　　　　　　　　　　　　　　　　　　　　　　　　　　　　（大月書店）
フリードリヒ・ヴィルヘルム・ニーチェ著／白取春彦編訳
　　　　　　　　『超訳 ニーチェの言葉』（ディスカヴァー・トゥエンティワン）
小林秀雄著『小林秀雄全作品15モオツァルト』（新潮社）
阿川弘之著『大人の見識』（新潮新書）
大久保寛司著『考えてみる』（文屋）
月本昭男著『この世界の成り立ちについて　――太古の文書を読む――』
　　　　　　　　　　　　　　　　　　　　　　　　　　　（ぷねうま舎）

姜尚中著『心の力』（集英社新書）
福原義春著『美「見えないものをみる」ということ』（ＰＨＰ新書）
福原義春著『福原義春の講演 変化の時代と人間の力』（慶應義塾大学出版会）
養老孟司，徳川恒孝著『江戸の智恵「三方良し」で日本は復活する』ＰＨＰ研究所）
糸井重里監修／ほぼ日刊イトイ新聞企画『はたらきたい。』（東京糸井重里事務所）

伊藤幹治著『贈答の日本文化』（筑摩書房）
マルセル・モース著／有地亨訳『贈与論［新装版］』（勁草書房）
マルセル・モース著／吉田禎吾，江川純一訳『贈与論』（ちくま学芸文庫）
内田樹，岡田斗司夫FREEex著『評価と贈与の経済学』（徳間ポケット）

エドガール・モラン著／杉山光信訳『オルレアンのうわさ』（みすず書房）
アーヴィング・ゴッフマン著／石黒毅訳
『ゴッフマンの社会学1 行為と演技 －日常生活における自己呈示－』（誠信書房）
デズモンド・モリス著／藤田統訳『マンウォッチング 人間の行動学』（小学館）

宗次德治二著『日本一の変人経営者』（ダイヤモンド社）
野中郁次郎，紺野登著『美徳の経営』（ＮＴＴ出版）

● 引用・参考文献

野中郁次郎編『経営は哲学なり』(ナカニシヤ出版)
坂本光司著『日本でいちばん大切にしたい会社』(あさ出版)
稲盛和夫著『生き方』(サンマーク出版)
日経トップリーダー著『経営者とは 稲盛和夫とその門下生たち』(日経ＢＰ社)
千葉望著『世界から感謝の手紙が届く会社 中村ブレイスの挑戦』(新潮文庫)
中村俊郎著『コンビニもない町の義肢メーカーに届く感謝の手紙』(日本文芸社)
千葉望著『500人の町で生まれた世界企業 義肢装具メーカー「中村ブレイス」の仕事』
　　　　　　　　　　　　　　　　　　　　　　　(ランダムハウス講談社)
糸井重里著『インターネット的』(ＰＨＰ新書)
糸井重里著『ぽてんしゃる。』(東京糸井重里事務所)
糸井重里著『思い出したら、思い出になった。』(東京糸井重里事務所)
糸井重里著『ボールのようなことば。』(東京糸井重里事務所)

ＮＨＫ「仕事学のすすめ」制作班編『柳井正 わがドラッカー流経営論』
　　　　　　　　　　　　　　　　　　　　　　　(ＮＨＫ出版)

上田惇生著『ドラッカー入門』(ダイヤモンド社)
上田惇生著『Ｐ.Ｆ.ドラッカー完全ブックガイド入門』(ダイヤモンド社)
ジョゼフ・Ａ・マチャレロ編／上田惇生著『ドラッカー365の金言』
　　　　　　　　　　　　　　　　　　　　　　　(ダイヤモンド社)
P.F.ドラッカー著／野田一夫，村上恒夫監訳『マネジメント(上)』
　　　　　　　　　　　　　　　　　　　　　　　(ダイヤモンド社)
P.F.ドラッカー著／野田一夫，村上恒夫監訳『マネジメント(下)』
　　　　　　　　　　　　　　　　　　　　　　　(ダイヤモンド社)
　　　＊『マネジメント』の訳は，風間禎三郎，久野桂，佐々木美智男，上田惇
　　　　生による

P.F.ドラッカー著／上田惇生訳『ドラッカー名著集14 マネジメント(中)』
　　　　　　　　　　　　　　　　　　　　　　　(ダイヤモンド社)
P.F.ドラッカー著／上田惇生，佐々木美智男，林正，田代正美訳
　　　　　　　　　　　　　　『すでに起こった未来』(ダイヤモンド社)
P.F.ドラッカー著／上田惇生編訳
　　　　『【エッセンシャル版】マネジメント—基本と原則』(ダイヤモンド社)
望月護著『ドラッカーと福沢諭吉』(祥伝社)
岩崎夏海著『もし高校野球の女子マネージャーが
　　　　　　　ドラッカーの『マネジメント』を読んだら』(ダイヤモンド社)

ジェームズ・C・コリンズ，ジェリー・I・ポラス著／山岡洋一訳
　　　　　　『ビジョナリーカンパニー』（日経ＢＰ出版センター）

安宅和人著『イシューからはじめよ』（英治出版）
日経ＰＣ21編『グーグル活用バイブル』（日経ＢＰ社）
野地秩嘉著『サービスの達人たち　日本一の秘書』（新潮新書）
中村由美著『日本一秘書の気配り力』（祥伝社黄金文庫）
中村由美著『「誰かのため」が、「自分のため」につながる
　　　　　　日本一の秘書が教える気配り仕事術』（あさ出版）
中村由美著『日本一のプロ秘書はなぜ「この気遣い」を大事にするのか？』
　　　　　　　　　　　　　　　　　　　　　　　　（プレジデント社）
鍵山秀三郎著／亀井民治編『ひとつ拾えば、ひとつだけきれいになる』
　　　　　　　　　　　　　　　　　　　　　　　　（ＰＨＰ研究所）

森信三著『修身教授録』（致知出版社）
永崎一則著『確かな説明力をつける本』（ＰＨＰ研究所）
永崎一則著『魅力的女性は話し上手　聡明でセンスある話し方・聞き方』（三笠書房）
青木テル著『一歩差がつくビジネスマナー』（早稲田教育出版）
西出博子著『完全ビジネスマナー』（河出書房新社）
萩野貞樹著『ほんとうの敬語』（ＰＨＰ新書）
永崎一則著『正しい敬語の使い方』（ＰＨＰ研究所）
文化審議会『敬語の指針』（文化庁）
文化庁編集『言葉に関する問答集　総集編』（大蔵省印刷局）
文化庁編集『「ことば」シリーズ9　言葉に関する問答集4』（大蔵省印刷局）
齋藤孝著『雑談力が上がる話し方──30秒でうちとける会話のルール』
　　　　　　　　　　　　　　　　　　　　　　　　（ダイヤモンド社）
齊藤勇著『自己表現上達法』（講談社現代新書）
野口悠紀雄著『超「超」整理法』（講談社）

浅利慶太著『時の光の中で　劇団四季主宰者の戦後史』（文春文庫）
若松英輔著『君の悲しみが美しいから僕は手紙を書いた』（河出書房新社）
若松英輔著『池田晶子　不滅の哲学』（トランスビュー）
吉野弘著『吉野弘全詩集（新装版）』（青土社）
島田修二著『歌集　青夏』（胡桃書舘）
俵万智著『サラダ記念日　俵万智歌集』（河出書房新社）

● 引用・参考文献 ●

坪内祐三，南伸坊編『明治の文学第15巻 斎藤緑雨』（筑摩書房）
太宰治著「女生徒」『太宰治全集2』所収（ちくま文庫）
夏目漱石作『こころ』（岩波文庫）
芥川龍之介著「蜘蛛の糸」『芥川龍之介全集2』所収（ちくま文庫）
シェイクスピア作／福田恆存訳「夏の夜の夢」
　　　　　　　　　　　『新潮世界文学2 シェイクスピアⅡ』所収（新潮社）
アーサー・コナン・ドイル著／日暮雅通訳「花婿の正体」
　　　　　　　　　　　『シャーロック・ホームズの冒険』所収（光文社文庫）
アーサー・コナン・ドイル著／日暮雅通訳「ボヘミアの醜聞（スキャンダル）」
　　　　　　　　　　　『シャーロック・ホームズの冒険』所収（光文社文庫）

曽根田純子翻訳・解説／英文構成 スクリーンプレイ事業部
『名作映画完全セリフ集 スクリーンプレイ・シリーズ131「カサブランカ」』
　　　　　　　　　　　（フォーイン スクリーンプレイ事業部）
アメリカ映画文化学会編著『映画シナリオ カサブランカ』音羽書房鶴見書店
企画　松竹『男はつらいよ』40周年プロジェクト，キネマ旬報社，ドリームデザイン
『人生に、寅さんを。『男はつらいよ』名言集』
　　　　　　　　　　　（松竹 国内ライセンス室，キネマ旬報社）

アイザック・ウォルトン著／森秀人訳『完訳＝釣魚大全』（角川選書）
アイザック・ウォルトン著／飯田操訳『[完訳] 釣魚大全Ⅰ』（平凡社ライブラリー）
アイザック・ウォルトン著／飯田操訳『[完訳] 釣魚大全Ⅱ』（平凡社ライブラリー）
開高健著『私の釣魚大全』（文春文庫）
ルイス・フロイス著／岡田章雄訳注『ヨーロッパ文化と日本文化』（岩波文庫）
アレシャンドゥロ・ヴァリニャーノ著／松田毅一，佐久間正，近松洋男訳
　　　　　　　　　　　『日本巡察記』（東洋文庫229）
高橋健二編訳『ゲーテ格言集』新潮文庫

トマス・ア・ケンピス著／大沢章，呉茂一訳『キリストにならいて』（岩波文庫）
『聖書 新共同訳』（日本聖書協会）
加地伸行全訳注『論語』（講談社学術文庫）
貝塚茂樹訳注『論語』（中公新書）
谷川敏朗著『校注良寛全詩集』（春秋社）
谷川敏朗著『良寛の愛語・戒語』（考古堂書店）

249

渡邊照宏, 宮坂宥勝校注『三教指帰 性靈集 日本古典文學大系71』（岩波書店）

三浦しをん著『舟を編む』（光文社）
飯間浩明著『辞書を編む』（光文社新書）
増井元著『辞書の仕事』（岩波新書）
見坊豪紀著『辞書をつくる 現代の日本語』（玉川大学出版部）
見坊豪紀著『辞書と日本語』（玉川大学出版部）

松村明編『大辞林』（三省堂）
『デジタル大辞林』（三省堂）
松村明監修『大辞泉』（小学館）
『デジタル大辞泉』（小学館）
新村出編『広辞苑 第六版』（岩波書店）
山田忠雄（主幹），柴田武，酒井憲二，倉持保男，山田明雄編
　　　　　　　　　　　　　　『新明解国語辞典 第七版』（三省堂）
時田昌瑞著『岩波ことわざ辞典』（岩波書店）
三省堂編修所編『新明解四字熟語辞典』（三省堂）
三省堂編修所編『新明解故事ことわざ辞典』（三省堂）
佐橋法龍著『禅語小辞典』（春秋社）
飯田朝子著，町田健監修『数え方の辞典』（小学館）

公益財団法人 実務技能検定協会編『ビジネス実務マナー検定受験ガイド3級』
　　　　　　　　　　　　　　　　　　　　　　　　　（早稲田教育出版）
公益財団法人 実務技能検定協会編『ビジネス実務マナー検定受験ガイド2級』
　　　　　　　　　　　　　　　　　　　　　　　　　（早稲田教育出版）
公益財団法人 実務技能検定協会編『ビジネス実務マナー検定受験ガイド1級』
　　　　　　　　　　　　　　　　　　　　　　　　　（早稲田教育出版）
公益財団法人 実務技能検定協会編『ビジネス文書検定受験ガイド3級』
　　　　　　　　　　　　　　　　　　　　　　　　　（早稲田教育出版）

「日本経済新聞」（日本経済新聞社）
「日経流通新聞」（日本経済新聞社）
「読売新聞」（読売新聞社）
「毎日新聞」（毎日新聞社）
「産経新聞」（産経新聞社）
「朝日新聞」（朝日新聞社）

引用・参考文献

本書を編集するに当たって，以上の書籍等を引用，参考にさせていただきました。
この場を借りて，御礼申し上げます。

秘書技能検定受験ガイド3級

2015年3月20日　初版発行

編　者　公益財団法人 実務技能検定協会Ⓒ
発行者　小池　秀明
発行所　早稲田教育出版
　　　　〒169-0075　東京都新宿区高田馬場一丁目4番15号
　　　　株式会社早稲田ビジネスサービス
　　　　http://www.waseda.gr.jp
　　　　電話 (03) 3209-6201

落丁本・乱丁本はお取り替えいたします。
本書の無断複写は著作権法上での例外を除き禁じられています。購入者以外の第三者による本書のいかなる電子複製も一切認められておりません。